A M. LE COMTE DE LA LUZERNE

à conserver

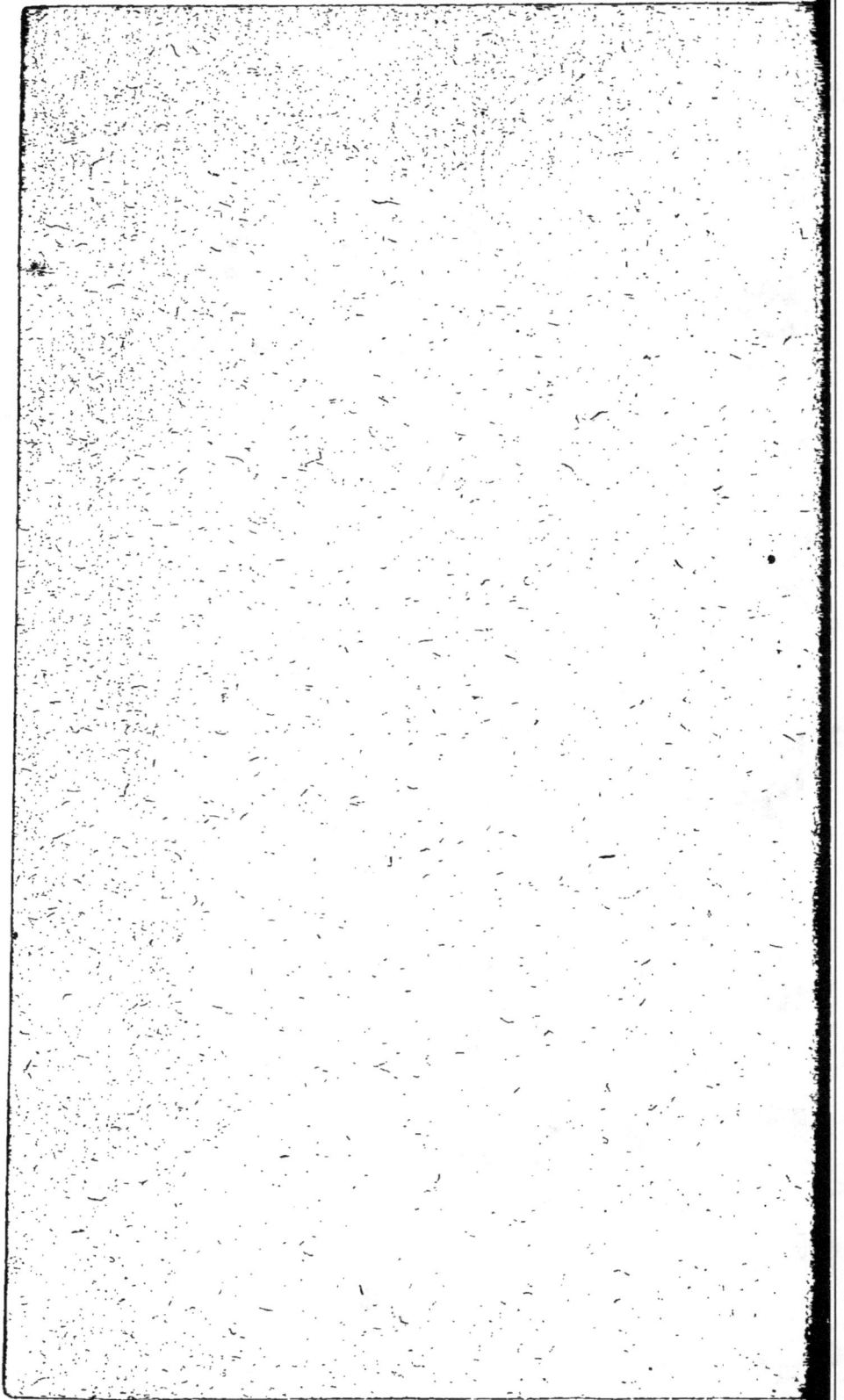

# DE L'ESPRIT

## DES

## LOIX.

### TOME SECOND. 875

# DE L'ESPRIT

## DES

# LOIX.

## *NOUVELLE ÉDITION,*

*Revue, corrigée, & confidérablement aug-
mentée par l'auteur.*

## TOME SECOND.

........ *Prolem fine matre creatam.*
OVID.

 LONDRES.

M. DCC. LVII.

# TABLE

### DES

## LIVRES ET CHAPITRES

contenus en ce second volume.

---

## LIVRE XIII.

Des rapports que la levée des tributs & la grandeur des revenus publics ont avec la liberté.

a iij

# LIVRE XIV.

Des loix, dans le rapport qu'elles ont avec la nature du climat.

*a. iv.*

# LIVRE XV.

Comment les loix de l'esclavage civil
ont du rapport avec la nature du climat.

a 9

# LIVRE XVI.

Comment les loix de l'efclavage domeſtique ont du rapport avec la nature du climat.

*a vĵ*

## LIVRE XVII.

Comment les loix de la servitude politique ont du rapport avec la nature du climat.

## LIVRE XVIII.

Des loix, dans le rapport qu'elles ont
avec la nature du terrein.

# LIVRE XIX.

Des loix , dans le rapport qu'elles ont avec les principes qui forment l'esprit général , les mœurs & les manières d'une nation.

## *L I V R E*  X X.

Des loix, dans le rapport qu'elles ont avec le commerce, confidéré dans fa nature & fes diftinctions.

*LIVRE XXI.*

Des loix, dans le rapport qu'elles ont avec le commerce, consideré dans les révolutions qu'il a eues dans le monde,

FIN DE LA TABLE DU TOME II.

DE L'ESPRIT,

# DE L'ESPRIT
## DES
# LOIX.

## LIVRE XIII.

*Des rapports que la levée des tributs & la grandeur des revenus publics ont avec la liberté.*

## CHAPITRE PREMIER.
### Des revenus de l'état.

LES REVENUS de l'état font une portion que chaque citoyen donne de fon bien, pour avoir la fureté de l'autre, ou pour en jouir agréablement.

Pour bien fixer ces REVENUS, il faut avoir égard & aux néceffités de l'état, & aux néceffités des citoyens.

*Tome II.*                          A

Il ne faut point prendre au peuple fur
fes befoins réels, pour des befoins de
l'état imaginaires.

Les befoins imaginaires font ce que
demandent les paffions & les foibleffes
de ceux qui gouvernent, le charme
d'un projet extraordinaire, l'envie ma-
lade d'une vaine gloire, & une certaine
impuiffance d'efprit contre les fantaifies.
Souvent ceux qui avec un efprit inquiet étoient fous le prince à la tête des
affaires, ont penfé que les befoins de
l'état étoient les befoins de leurs petites
ames.

Il n'y a rien que la fageffe & la prudence doivent plus régler, que cette portion qu'on ôte, & cette portion qu'on
laiffe aux fujets.

Ce n'eft point à ce que le peuple peut
donner, qu'il faut mefurer les revenus
publics ; mais à ce qu'il doit donner : Et
fi on les mefure à ce qu'il peut donner,
il faut que ce foit du moins à ce qu'il
peut toujours donner.

# CHAPITRE II.

*Que c'est mal raisonner, de dire que la grandeur des tributs soit bonne par elle-même.*

ON a vu dans de certaines monarchies, que des petits pays, exempts de tributs, étoient aussi misérables que les lieux qui, tout autour, en étoient accablés. La principale raison en est, que le petit état entouré ne peut avoir d'industrie, d'arts, ni de manufactures, parce qu'à cet égard il est gêné de mille manieres par le grand état dans lequel il est enclavé. Le grand état qui l'entoure, a l'industrie, les manufactures & les arts ; & il fait des réglemens qui lui en procurent tous les avantages. Le petit état devient donc nécessairement pauvre, quelque peu d'impôts qu'on y leve.

On a pourtant conclu de la pauvreté de ces petits pays, que, pour que le peuple fût industrieux, il falloit des charges pesantes. On auroit mieux fait d'en conclure qu'il n'en faut pas. Ce sont tous les misérables des environs qui se retirent dans ces lieux-là, pour ne rien faire : déja découragés par l'accablement du travail, ils font confifter toute leur félicité dans leur pareffe.

L'effet des richeffes d'un pays, c'eft de mettre de l'ambition dans tous les cœurs. L'effet de la pauvreté, eft d'y faire naître le défefpoir. La premiere s'irrite par le travail, l'autre fe confole par la pareffe.

La nature eft jufte envers les hommes; elle les récompenfe de leurs peines; elle les rend laborieux, parce qu'à de plus grands travaux elle attache de plus grandes récompenfes. Mais, fi un pouvoir arbitraire ôte les récompenfes de la nature, on reprend le dégoût pour le travail, & l'inaction paroît être le feul bien.

## CHAPITRE III.

*Des tributs, dans les pays où une partie du peuple eft efclave de la glébe.*

L'ESCLAVAGE de la glébe s'établit quelquefois après une conquête. Dans ce cas, l'efclave qui cultive doit être le colon-partiaire du maître. Il n'y a qu'une fociété de perte & de gain qui puiſſe réconcilier ceux qui ſont deſtinés à travailler, avec ceux qui ſont deſtinés à jouir.

---

## CHAPITRE IV.

### D'une république en cas pareil.

Lorsqu'une république a réduit une nation à cultiver les terres pour elle, on n'y doit point ſouffrir que le citoyen puiſſe augmenter le tribut de l'eſclave. On ne le permettoit point à Lacédémone : on penſoit que les Elotes (a) cultiveroient mieux les terres, lorſqu'ils ſçauroient que leur ſervitude n'augmenteroit pas ; on croyoit que les maîtres ſeroient meilleurs citoyens, lorſqu'ils ne deſireroient que ce qu'ils avoient coutume d'avoir.

(a) *Plutarque.*

---

## CHAPITRE V.

### D'une monarchie en cas pareil.

Lorsque, dans une monarchie, la nobleſſe fait cultiver les terres à ſon profit par le peuple conquis, il faut en-

A iij

core que la redevance ne puisse augmenter (*a*). De plus, il est bon que le prince se contente de son domaine & du service militaire. Mais s'il veut lever des tributs en argent sur les esclaves de sa noblesse, il faut que le seigneur soit garant (*b*) du tribut, qu'il le paye pour les esclaves & le reprenne sur eux: Et si l'on ne suit pas cette regle, le seigneur & ceux qui levent les revenus du prince vexeront l'esclave tour à tour, & le reprendront l'un après l'autre, jusqu'à ce qu'il périsse de misere, ou fuie dans les bois.

(*a*) C'est ce qui fit faire à Charlemagne ses belles institutions là-dessus. Voyez le livre V des *capitulaires*, art. 303.

(*b*) Cela se pratique ainsi en Allemagne.

## CHAPITRE VI.

### D'un état despotique en cas pareil.

C E que je viens de dire est encore plus indispensable dans l'état despotique. Le seigneur qui peut à tous les instans être dépouillé de ses terres & de ses esclaves, n'est pas si porté à les conserver.

Pierre premier, voulant prendre la pratique d'Allemagne & lever ses tri-

buts en argent, fit un réglement très-
fage que l'on fuit encore en Ruffie. Le
gentilhomme leve la taxe fur les payfans,
& la paye au czar. Si le nombre des
payfans diminue, il paye tout de même ; fi le nombre augmente, il ne paye
pas davantage : il eft donc intéreffé à
ne point vexer fes payfans.

---

## CHAPITRE VII.

### *Des tributs, dans les pays où l'efclavage de la glébe n'eft point établi.*

Lorsque dans un état tous les particuliers font citoyens, que chacun y
poffede par fon domaine ce que le
prince y poffede par fon empire, on
peut mettre des impôts fur les perfonnes, fur les terres, ou fur les marchandifes ; fur deux de ces chofes, ou fur les
trois enfemble.

Dans l'impôt de la perfonne, la proportion injufte feroit celle qui fuivroit
exactement la proportion des biens. On
avoit divifé à Athènes (a) les citoyens
en quatre claffes. Ceux qui retiroient
de leurs biens cinq cent mefures de fruits

(a) *Pollux*, liv. VIII, ch. X, art. 130.

A iv

liquides ou fecs, payoient au public un
talent ; ceux qui en retiroient trois cent
mesures, devoient un demi talent ; ceux
qui avoient deux cent mesures, payoient
dix mines, ou la sixiéme partie d'un talent ; ceux de la quatriéme classe ne
donnoient rien. La taxe étoit juste,
quoiqu'elle ne fût point proportionnelle :
si elle ne suivoit pas la proportion des
biens, elle suivoit la proportion des besoins. On jugea que chacun avoit un
*nécessaire physique* égal, que ce néceffaire physique ne devoit point être taxé ;
que l'utile venoit ensuite, & qu'il devoit être taxé, mais moins que le superflu ; que la grandeur de la taxe sur le
superflu empêchoit le superflu.

Dans la taxe sur les terres, on fait des
rôles où l'on met les diverses classes des
fonds. Mais il est très-difficile de connoître ces différences, & encore plus
de trouver des gens qui ne soient point
intéressés à les méconnoître. Il y a donc
là deux sortes d'injustices ; l'injustice de
l'homme, & l'injustice de la chose. Mais
si en général la taxe n'est point excessive, si on laisse au peuple un nécessaire
abondant, ces injustices particulieres ne
feront rien. Que si, au contraire, on ne

laisse au peuple que ce qu'il lui faut à la
rigueur pour vivre, la moindre disproportion sera de la plus grande conséquence.

Que quelques citoyens ne payent pas
assez, le mal n'est pas grand ; leur aisance revient toujours au public : que quelques particuliers payent trop , leur
ruine se tourne contre le public. Si l'é-
tat proportionne sa fortune à celle des
particuliers , l'aisance des particuliers
fera bientôt monter sa fortune. Tout dépend du moment : L'état commencera-
t-il par appauvrir les sujets pour s'enrichir ? ou attendra-t'il que des sujets à
leur aise l'enrichissent ? Aura-t'il le premier avantage ? ou le second ? Commen-
cera-t'il par être riche ? ou finira-t'il par
l'être ?

Les droits sur les marchandises sont
ceux que les peuples sentent le moins ,
parce qu'on ne leur fait pas une demande formelle. Ils peuvent être si sa-
gement ménagés , que le peuple igno-
rera presque qu'il les paye. Pour cela ,
il est d'une grande conséquence que ce
soit celui qui vend la marchandise , qui
paye le droit. Il sçait bien qu'il ne paye
pas pour lui ; & l'acheteur , qui dans le

fond le paye, le confond avec le prix.
Quelques auteurs on dit que Néron
avoit ôté le droit du vingt-cinquiéme
des esclaves qui se vendoient (*a*) ; il n'a-
voit pourtant fait qu'ordonner que ce
seroit le vendeur qui le payeroit, au lieu
de l'acheteur : ce réglement, qui laissoit
tout l'impôt, parut l'ôter.

Il y a deux royaumes en Europe où
l'on a mis des impôts très-forts sur les
boissons : dans l'un, le brasseur seul paye
le droit ; dans l'autre, il est levé indifféremment sur tous les sujets qui consomment. Dans le premier, personne ne sent
la rigueur de l'impôt; dans le second,
il est regardé comme onéreux : dans
celui-là, le citoyen ne sent que la liberté
qu'il a de ne pas payer ; dans celui-ci,
il ne sent que la nécessité qui l'y oblige.

D'ailleurs, pour que le citoyen paye,
il faut des recherches perpétuelles dans
sa maison. Rien n'est plus contraire à la
liberté ; & ceux qui établissent ces sortes
d'impôts, n'ont pas le bonheur d'avoir
à cet égard rencontré la meilleure sorte
d'administration.

(.) *Vectigal quintæ & vicesimæ venalium mancipio-*
*rum remissum specie magis quàm vi ; quia cùm venditor*
*pendere juberetur in partem pretii, emptoribus accresce-*
*bat.* Tacite, annales, liv. XIII.

# CHAPITRE VIII.

## Comment on conserve l'illusion.

POUR que le prix de la chose & le droit puissent se confondre dans la tête de celui qui paye, il faut qu'il y ait quelque rapport entre la marchandise & l'impôt; & que, sur une denrée de peu de valeur, on ne mette pas un droit excessif. Il y a des pays où le droit excede de dix-sept fois la valeur de la marchandise. Pour lors le prince ôte l'illusion à ses sujets: ils voient qu'ils sont conduits d'une maniere qui n'est pas raisonnable; ce qui leur fait sentir leur servitude au dernier point.

D'ailleurs, pour que le prince puisse lever un droit si disproportionné à la valeur de la chose, il faut qu'il vende lui-même la marchandise, & que le peuple ne puisse l'aller acheter ailleurs; ce qui est sujet à mille inconvéniens.

La fraude étant dans ce cas très-lucrative, la peine naturelle, celle que la raison demande, qui est la confiscation de la marchandise, devient incapable de l'arrêter; d'autant plus que cette mar-

A vj

chandife eft pour l'ordinaire d'un prix
très-vil. Il faut donc avoir recours à
des peines extravagantes, & pareilles
à celles que l'on inflige pour les plus
grands crimes. Toute la proportion des
peines eft ôtée. Des gens qu'on ne fçauroit regarder comme des hommes méchans, font punis comme des fcélérats ;
ce qui eft la chofe du monde la plus contraire à l'efprit du gouvernement modéré.

J'ajoute que plus on met le peuple
en occafion de frauder le traitant, plus
on enrichit celui-ci, & on appauvrit
celui-là. Pour arrêter la fraude, il faut
donner au traitant des moyens de vexations extraordinaires, & tout eft perdu.

## CHAPITRE IX.

### D'une mauvaife forte d'impôt.

Nous parlerons, en paffant, d'un impôt établi dans quelques états fur les
diverfes claufes des contrats civils. Il
faut, pour fe défendre du traitant, de
grandes connoiffances, ces chofes étant
fujettes à des difcuffions fubtiles. Pour
lors, le traitant, interprête des réglemens

du prince, exerce un pouvoir arbitraire
fur les fortunes. L'expérience a fait voir
qu'un impôt fur le papier fur lequel le
contrat doit s'écrire, vaudroit beaucoup
mieux.

---

## CHAPITRE X.

*Que la grandeur des tributs dépend de la
nature du gouvernement.*

LES tributs doivent être très-légers
dans le gouvernement defpotique. Sans
cela, qui eft-ce qui voudroit prendre la
peine d'y cultiver les terres ? & de plus,
comment payer de gros tributs, dans un
gouvernement qui ne fupplée par rien à
ce que le fujet a donné ?

Dans le pouvoir étonnant du prince,
& l'étrange foibleffe du peuple, il faut
qu'il ne puiffe y avoir d'équivoques fur
rien. Les tributs doivent être fi faciles
à percevoir, & fi clairement établis,
qu'ils ne puiffent être augmentés ni diminués par ceux qui les levent : une
portion dans les fruits de la terre, une
taxe par tête, un tribut de tant pour
cent fur les marchandifes, font les feuls
convenables.

Il eſt bon, dans le gouvernement deſpotique, que les marchands aient une ſauvegarde perſonnelle, & que l'uſage les faſſe reſpecter : ſans cela, ils ſeroient trop foibles dans les diſcuſſions qu'ils pourroient avoir avec les officiers du prince.

## CHAPITRE XI.

### Des peines fiſcales.

C'EST une choſe particuliere *aux peines fiſcales*, que, contre la pratique générale, elles ſont plus ſéveres en Europe qu'en Aſie. En Europe, on confiſque les marchandiſes, quelquefois même les vaiſſeaux & les voitures ; en Aſie, on ne fait ni l'un ni l'autre. C'eſt qu'en Europe, le marchand a des juges qui peuvent le garantir de l'oppreſſion ; en Aſie, les juges deſpotiques ſeroient eux-mêmes les oppreſſeurs. Que feroit le marchand contre un bacha qui auroit réſolu de confiſquer ſes marchandiſes ?

C'eſt la vexation qui ſe ſurmonte elle-même, & ſe voit contrainte à une certaine douceur. En Turquie, on ne leve qu'un seul droit d'entrée; après quoi, tout le pays est ouvert aux marchands. Les déclarations fausses n'emportent ni confiscation ni augmentation de droits. On n'ouvre (*a*) point à la Chine les balots des gens qui ne sont pas marchands. La fraude, chez le Mogol, n'est point punie par la confiscation, mais par le doublement du droit. Les princes (*b*) Tartares, qui habitent des villes dans l'Asie, ne levent presque rien sur les marchandises qui passent. Que si, au Japon, le crime de fraude dans le commerce est un crime capital, c'est qu'on a des raisons pour défendre toute communication avec les étrangers; & que la fraude (*c*) y est plutôt une contravention aux loix faites pour la sureté de l'état, qu'à des loix de commerce.

(*a*) *Du Halde*, tome II, p. 37.

(*b*) Histoire des Tattars, troisième partie, p. 290.

(*c*) Voulant avoir un commerce avec les étrangers sans se communiquer avec eux, ils ont choisi deux nations; la Hollandoise, pour le commerce de l'Europe; & la Chinoise, pour celui de l'Asie: ils tiennent dans une espece de prison les facteurs & les matelots, & les gênent jusqu'à faire perdre patience.

## CHAPITRE XII.

*Rapport de la grandeur des tributs avec la liberté.*

REGLE GÉNÉRALE : on peut lever des tributs plus forts, à proportion de la liberté des sujets ; & l'on est forcé de les modérer, à mesure que la servitude augmente. Cela a toujours été, & cela sera toujours. C'est une regle tirée de la nature, qui ne varie point ; on la trouve par tous les pays, en Angleterre, en Hollande, & dans tous les états où la liberté va se dégradant jusqu'en Turquie. La Suisse semble y déroger, parce qu'on n'y paye point de tributs : mais on en sçait la raison particuliere, & même elle confirme ce que je dis. Dans ces montagnes stériles, les vivres sont si chers & le pays est si peuplé, qu'un Suisse paye quatre fois plus à la nature, qu'un Turc ne paye au sultan.

Un peuple dominateur, tel qu'étoient les Athéniens & les Romains, peut s'affranchir de tout impôt, parce qu'il regne sur des nations sujettes. Il ne paye pas pour lors à proportion de sa liberté ; parce qu'à cet égard il n'est pas un peuple, mais un monarque.

Mais la regle générale reste toujours. Il y a, dans les états modérés, un dédommagement pour la pesanteur des tributs ; c'est la liberté. Il y a, dans les états (a) despotiques, un équivalent pour la liberté ; c'est la modicité des tributs.

Dans de certaines monarchies en Europe, on voit des provinces (b) qui, par la nature de leur gouvernement politique, font dans un meilleur état que les autres. On s'imagine toujours qu'elles ne payent pas assez, parce que, par un effet de la bonté de leur gouvernement, elles pourroient payer davantage ; & il vient toujours dans l'esprit de leur ôter ce gouvernement même qui produit ce bien qui se communique, qui se répand au loin, & dont il vaudroit bien mieux jouir.

(a) En Russie, les tributs sont médiocres : on les a augmentés depuis que le despotisme y est plus modéré. Voyez l'histoire des Tattars, deuxiéme partie.

(b) Les pays d'états.

## CHAPITRE XIII.

*Dans quels gouvernemens les tributs font fufceptibles d'augmentation.*

ON peut augmenter les tributs dans la plupart des républiques; parce que le citoyen, qui croit payer à lui-même, a la volonté de les payer, & en a ordinairement le pouvoir par l'effet de la nature du gouvernement.

Dans la monarchie, on peut augmenter les tributs; parce que la modération du gouvernement y peut procurer des richeffes : c'eft comme la récompenfe du prince, à caufe du refpeét qu'il a pour les loix. Dans l'état defpotique, on ne peut pas les augmenter; parce qu'on ne peut pas augmenter la fervitude extrême.

## CHAPITRE XIV.

*Que la nature des tributs eft relative au gouvernement.*

L'IMPÔT par tête eft plus naturel à la fervitude; l'impôt fur les marchandifes eft plus naturel à la liberté, parce

qu'il fe rapporte d'une maniere moins
directe à la perfonne.

Il eft naturel au gouvernement defpotique, que le prince ne donne point
d'argent à fa milice ou aux gens de fa
cour, mais qu'il leur diftribue des terres, & par conféquent qu'on y leve peu
de tributs. Que fi le prince donne de
l'argent, le tribut le plus naturel qu'il
puiffe lever eft un tribut par tête. Ce
tribut ne peut être que très-modique:
car, comme on n'y peut pas faire diverfes claffes confidérables, à caufe des
abus qui en réfulteroient, vu l'injuftice
& la violence du gouvernement, il faut
néceffairement fe régler fur le taux de
ce que peuvent payer les plus miférables.

Le tribut naturel au gouvernement
modéré, eft l'impôt fur les marchandifes. Cet impôt étant réellement payé
par l'acheteur, quoique le marchand l'a-
vance, eft un prêt que le marchand a
déja fait à l'acheteur : ainfi il faut regarder le négociant, & comme le débiteur général de l'état, & comme le
créancier de tous les particuliers. Il
avance à l'état le droit que l'acheteur
lui payera quelque jour ; & il a payé,

pour l'acheteur, le droit qu'il a payé pour la marchandife. On fent donc que plus le gouvernement eft modéré, que plus l'efprit de liberté regne, que plus les fortunes ont de fureté ; plus il eft facile au marchand d'avancer à l'état, & de prêter au particulier des droits confidérables. En Angleterre, un marchand prête réellement à l'état cinquante ou foixante livres fterling à chaque tonneau de vin qu'il reçoit. Quel eft le marchand qui oferoit faire une chofe de cette efpece dans un pays gouverné comme la Turquie ? & quand il l'oferoit faire, comment le pourroit-il, avec une fortune fufpecte, incertaine, ruinée ?

## CHAPITRE XV.

### Abus de la liberté.

CES grands avantages de la liberté ont fait que l'on a abufé de la liberté même. Parce que le gouvernement modéré a produit d'admirables effets, on a quitté cette modération : parce qu'on a tiré de grands tributs, on en a voulu tirer d'exceffifs : & méconnoiffant la main de la liberté qui faifoit ce préfent ;

on s'eft adreffé à la fervitude qui refufe tout.

La liberté a produit l'excès des tributs : mais l'effet de ces tributs exceffifs eft de produire à leur tour la fervitude ; & l'effet de la fervitude , de produire la diminution des tributs.

Les monarques de l'Afie ne font guere d'édits que pour exempter chaque année de tributs quelque province de leur empire ( *a* ) : les manifeftations de leur volonté font des bienfaits. Mais en Europe , les édits des princes affligent même avant qu'on les ait vus , parce qu'ils y parlent toujours de leurs befoins , & jamais des nôtres.

D'une impardonnable non chalance que les miniftres de ces pays-là tiennent du gouvernement & fouvent du climat , les peuples tirent cet avantage , qu'ils ne font point fans ceffe accablés par de nouvelles demandes. Les dépenfes n'y augmentent point , parce qu'on n'y fait point des projets nouveaux : & fi par hazard on y en fait , ce font des projets dont on voit la fin , & non des projets commencés. Ceux qui gouvernent l'état ne le tourmentent pas , parce qu'ils

(*a*) C'eft l'ufage des empereurs de la Chine.

ne fe tourmentent pas fans ceffe eux-
mêmes. Mais, pour nous, il eft impoffible que nous ayons jamais de regle dans
nos finances, parce que nous fçavons
toujours que nous ferons quelque chofe,
& jamais ce que nous ferons.

On n'appelle plus parmi nous un grand
miniftre celui qui eft le fage difpenfateur
des revenus publics ; mais celui qui eft
homme d'induftrie , & qui trouve ce
qu'on appelle des expédiens.

## CHAPITRE XVI.

### Des conquêtes des Mahométans.

C E furent ces tributs (a) exceffifs qui
donnerent lieu à cette étrange facilité
que trouverent les Mahométans dans
leurs conquêtes. Les peuples, au lieu
de cette fuite continuelle de vexations
que l'avarice fûbtile des empereurs avoit
imaginées, fe virent foumis à un tribut
fimple, payé aifément, reçu de même ;
plus heureux d'obéir à une nation barbare qu'à un gouvernement corrompu,

(a) Voyez, dans l'hiftoire, la grandeur, la bizar-
rerie, & même la folie de ces tributs. Anaftafe en
imagina un pour refpirer l'air : *ut quifque pro hauftu*
*aëris penderet.*

dans lequel ils souffroient tous les inconvéniens d'une liberté qu'ils n'avoient
plus, avec toutes les horreurs d'une
servitude présente.

---

# CHAPITRE XVII.
## De l'augmentation des troupes.

UNE maladie nouvelle s'est répandue
en Europe; elle a saisi nos princes, &
leur fait entretenir un nombre désor-
donné de troupes. Elle a ses redouble-
mens, & elle devient nécessairement
contagieuse : car si-tôt qu'un état augmente ce qu'il appelle ses troupes, les
autres soudain augmentent les leurs; de
façon qu'on ne gagne rien par-là, que la
ruine commune. Chaque monarque tient
sur pied toutes les armées qu'il pourroit
avoir, si ses peuples étoient en danger
d'être exterminés; & on nomme paix
cet état (a) d'effort de tous contre tous.
Aussi l'Europe est-elle si ruinée, que
les particuliers qui seroient dans la situation où sont les trois puissances de

(a) Il est vrai que c'est cet état d'effort qui maintient principalement l'équilibre, parce qu'il ereinte
les grandes puissances.

cette partie du monde les plus opulen-
tes, n'auroient pas de quoi vivre. Nous
fommes pauvres avec les richeffes & le
commerce de tout l'univers ; & bien-
tôt, à force d'avoir des foldats, nous
n'aurons plus que des foldats, & nous
ferons comme des Tartares (*a*).

Les grands princes, non contens d'a-
cheter les troupes des plus petits, cherchent de tous côtés à payer des alliances ; c'eft-à-dire, prefque toujours à
perdre leur argent.

La fuite d'une telle fituation eft
augmentation perpétuelle des tributs :
& ce qui prévient tous les remedes
à venir, on ne compte plus fur les revenus, mais on fait la guerre avec fon
capital. Il n'eft pas inoui de voir des
états hypothéquer leur fonds pendant la
paix même ; & employer, pour fe rui-
ner, des moyens qu'ils appellent extraordinaires, & qui le font fi fort que
le fils de famille le plus dérangé les imagine à peine.

(*a*) Il ne faut, pour cela, que faire valoir la nouvelle invention des milices établies dans prefque toute l'Europe, & les porter au même excès que l'on a
fait les troupes réglées.

CHAPITRE

# CHAPITRE XVIII.

## De la remise des tributs.

LA maxime des grands empires d'orient de remettre les tributs aux provinces qui ont souffert, devroit bien être portée dans les états monarchiques. Il y en a bien où elle est établie : mais elle accable plus que si elle n'y étoit pas, parce que le prince n'en levant ni plus ni moins, tout l'état devient solidaire. Pour soulager un village qui paye mal, on charge un autre qui paye mieux ; on ne rétablit point le premier, on détruit le second. Le peuple est désespéré entre la nécessité de payer de peur des exactions, & le danger de payer crainte des surcharges.

Un état bien gouverné doit mettre, pour le premier article de sa dépense, une somme réglée pour les cas fortuits. Il en est du public comme des particuliers, qui se ruinent lorsqu'ils dépensent exactement les revenus de leurs terres.

A l'égard de la solidité entre les habitans du même village, on a dit (a),

(a) Voyez le *traité des finances des Romains*, ch. II, imprimé à Paris, chez Briasson, 1740.

*Tome II.*        B

qu'elle étoit raisonnable, parce qu'on pouvoit supposer un complot frauduleux de leur part : mais où a-t'on pris que, sur des suppositions, il faille établir une chose injuste par elle-même & ruineuse pour l'état ?

## CHAPITRE XIX.

*Qu'est-ce qui est plus convenable au prince & au peuple, de la ferme ou de la régie des tributs ?*

La régie est l'administration d'un bon pere de famille, qui leve lui-même avec économie & avec ordre ses revenus.

Par la régie, le prince est le maître de presser ou de retarder la levée des tributs, ou suivant ses besoins, ou suivant ceux de ses peuples. Par la régie, il épargne à l'état les profits immenses des fermiers, qui l'appauvrissent d'une infinité de manieres. Par la régie, il épargne au peuple le spectacle des fortunes subites qui l'affligent. Par la régie, l'argent levé passe par peu de mains ; il va directement au prince, & par conséquent revient plus promptement au peuple. Par la régie, le prince épargne au peuple une infinité de mauvaises loix qu'exige toujours de lui l'avarice importune des fermiers, qui montrent un avantage préfent dans des réglemens funeftes pour l'avenir.

Comme celui qui a l'argent eft toujours le maître de l'autre, le traitant fe rend defpotique fur le prince même; il n'eft pas légiflateur, mais il le force à donner des loix.

J'avoue qu'il eft quelquefois utile de commencer par donner à ferme un droit nouvellement établi : il y a un art & des inventions pour prévenir les fraudes, que l'intérêt des fermiers leur fuggere, & que les régiffeurs n'auroient fçu imaginer ; or le fyftême de la levée étant une fois fait par le fermier, on peut avec fuccès établir la régie. En Angleterre, l'adminiftration de *l'accife* & du revenu des *poftes*, telle qu'elle eft aujourd'hui, a été empruntée des fermiers.

Dans les républiques, les revenus de l'état font prefque toujours en régie. L'établiffement contraire fut un grand vice du gouvernement de Rome (a).

(a) Céfar fut obligé d'ôter les publicains de la province d'Afie, & d'y établir une autre forte d'adminiftration, comme nous l'apprenons de Dion. Et Ta-

B ij

Dans les états defpotiques, où la régie eft établie, les peuples font infiniment plus heureux ; témoin la Perfe & la Chine (a). Les plus malheureux font ceux où le prince donne à ferme fes ports de mer & fes villes de commerce. L'hiftoire des monarchies eft pleine des maux faits par les traitans.

Néron indigné des vexations des publicains, forma le projet impoffible & magnanime d'abolir tous les impôts. Il n'imagina point la régie : il fit (b) quatre ordonnances ; que les loix faites contre les publicains, qui avoient été jufques-là tenues fecretes, feroient publiées ; qu'ils ne pourroient plus exiger ce qu'ils avoient négligé de demander dans l'année ; qu'il y auroit un préteur établi pour juger leurs prétentions fans formalité ; que les marchands ne payeroient rien pour les navires. Voilà les beaux jours de cet empereur.

cite nous dit que la Macédoine & l'Achaïe, provinces qu'Augufte avoit laiffées au peuple Romain, & qui par conféquent étoient gouvernées fur l'ancien plan, obtinrent d'être du nombre de celles que l'empereur gouvernoit par fes officiers.

(a) Voyez *Chardin*, voyage de Perfe, tome VI.
(b) *Tacite*, annales, liv. XIII.

## CHAPITRE XX.

### Des traitans.

TOUT est perdu, lorsque la profession lucrative des traitans parvient encore par ses richesses à être une profession honorée. Cela peut être bon dans les états despotiques, où souvent leur emploi est une partie des fonctions des gouverneurs eux-mêmes. Cela n'est pas bon dans la république; & une chose pareille détruisit la république; Romaine. Cela n'est pas meilleur dans la monarchie; rien n'est plus contraire à l'esprit de ce gouvernement. Un dégoût saisit tous les autres états; l'honneur y perd toute sa considération, les moyens lents & naturels de se distinguer ne touchent plus, & le gouvernement est frappé dans son principe.

On vit bien dans les temps passés des fortunes scandaleuses; c'étoit une des calamités des guerres de cinquante ans: mais pour lors, ces richesses furent regardées comme ridicules; & nous les admirons.

Il y a un lot pour chaque profession.

B iij

Le lot de ceux qui levent les tributs eft les richeffes ; & les récompenfes de ces richeffes, font les richeffes mêmes. La gloire & l'honneur font pour cette nobleffe qui ne connoît, qui ne voit, qui ne fent de vrai bien que l'honneur & la gloire. Le refpect & la confidération font pour ces miniftres & ces magiftrats qui, ne trouvant que le travail après le travail, veillent nuit & jour pour le bonheur de l'empire.

# LIVRE XIV.

*Des loix, dans le rapport qu'elles ont avec la nature du climat.*

## CHAPITRE PREMIER.

### *Idée générale.*

S'IL est vrai que le caractere de l'esprit & les passions du cœur soient extrémement différentes dans les divers climats, les *loix* doivent être relatives & à la différence de ces passions & à la différence de ces caracteres.

## CHAPITRE II.

### *Combien les hommes sont différens dans les divers climats.*

L'AIR froid (*a*) resserre les extrémités des fibres extérieures de notre corps ; cela augmente leur ressort, & favorise le

(*a*) Cela paroît même à la vue : dans le froid on paroît plus maigre.

B iv

retour du fang des extrémités vers le cœur. Il diminue la longueur (*a*) de ces mêmes fibres ; il augmente donc encore par-là leur force. L'air chaud au contraire relâche les extrémités des fibres, & les allonge ; il diminue donc leur force & leur reſſort.

On a donc plus de vigueur dans les climats froids. L'action du cœur & la réaction des extrémités des fibres s'y font mieux, les liqueurs font mieux en équilibre, le fang eſt plus déterminé vers le cœur, & réciproquement le cœur a plus de puiſſance. Cette force plus grande doit produire bien des effets : par exemple, plus de confiance en ſoi-même, c'eſt-à-dire, plus de courage ; plus de connoiſſance de ſa ſupériorité, c'eſt-à-dire, moins de deſir de la vengeance ; plus d'opinion de ſa ſûreté, c'eſt-à-dire, plus de franchiſe, moins de ſoupçons, de politique & de ruſes. Enfin, cela doit faire des caracteres bien différens. Mettez un homme dans un lieu chaud & enfermé ; il ſouffrira, par les raiſons que je viens de dire, une défaillance de cœur très-grande. Si dans cette circonſtance on va lui propoſer

(*a*) On ſçait qu'il raccourcit le fer.

une action hardie, je crois qu'on l'y trouvera très-peu disposé; sa foiblesse présente mettra un découragement dans son ame; il craindra tout, parce qu'il sentira qu'il ne peut rien. Les peuples des pays chauds sont timides, comme les vieillards le sont; ceux des pays froids sont courageux, comme le sont les jeunes gens. Si nous faisons attention aux dernieres (*a*) guerres, qui sont celles que nous avons le plus sous nos yeux, & dans lesquelles nous pouvons mieux voir de certains effets légers, imperceptibles de loin, nous sentirons bien que les peuples du nord transportés dans les pays du midi (*b*) n'y ont pas fait d'aussi belles actions que leurs compatriotes, qui, combattant dans leur propre climat, y jouissoient de tout leur courage.

La force des fibres des peuples du nord, fait que les sucs les plus grossiers sont tirés des alimens. Il en résulte deux choses: l'une, que les parties du chyle, ou de la lymphe, sont plus propres, par leur grande surface, à être appliquées sur les fibres & à les nourrir: l'autre, qu'el-

(*a*) Celles pour la succession d'Espagne.
(*b*) En Espagne, par exemple.

B v

les font moins propres, par leur grof-
fiéreté, à donner une certaine fubtilité
au fuc nerveux. Ces peuples auront donc
de grands corps, & peu de vivacité.

Les nerfs qui aboutiffent de tous côtés au tiffu de notre peau, font chacun
un faifceau de nerfs : ordinairement ce
n'eft pas tout le nerf qui eft remué, c'en
eft une partie infiniment petite. Dans
les pays chauds, où le tiffu de la peau
eft relâché, les bouts des nerfs font épa-
nouis, & expofés à la plus petite action
des objets les plus foibles. Dans les pays
froids, le tiffu de la peau eft refferré,
& les mammelons comprimés ; les petites houpes font en quelque façon pa-
ralytiques ; la fenfation ne paffe guere
au cerveau, que lorfqu'elle eft extrê-
mement forte, & qu'elle eft de tout le
nerf enfemble. Mais c'eft d'un nombre
infini de petites fenfations que dépen-
dent l'imagination, le goût, la fenfibilité, la vivacité.

J'ai obfervé le tiffu extérieur d'une
langue de mouton, dans l'endroit où
elle paroît à la fimple vue couverte de
mammelons. J'ai vu avec un microfcope, fur ces mammelons, de petits poils
ou une efpece de duvet ; entre les mam-

melons, étoient des pyramides, qui formoient par le bout comme de petits pinceaux. Il y a grande apparence que ces pyramides font le principal organe du goût.

J'ai fait geler la moitié de cette langue ; & j'ai trouvé, à la fimple vue, les mammelons confidérablement diminués ; quelques rangs même de mammelons s'étoient enfoncés dans leur gaine : j'en ai examiné le tiffu avec le microfcope, je n'ai plus vu de pyramides. A mefure que la langue s'eft dégelée, les mammelons à la fimple vue ont paru fe relever ; & au microfcope, les petites houpes ont commencé à reparoître.

Cette obfervation confirme ce que j'ai dit, que, dans les pays froids, les houpes nerveufes font moins épanouies : elles s'enfoncent dans leurs gaines, où elles font à couvert de l'action des objets extérieurs. Les fenfations font donc moins vives.

Dans les pays froids, on aura peu de fenfibilité pour les plaifirs ; elle fera plus grande dans les pays tempérés ; dans les pays chauds, elle fera extrême. Comme on diftingue les climats par les dégrésde latitude, on pourroit les diftinguer, pour ainfi dire, par les dégrés de fenfibilité. J'ai vu les opéra d'Angleterre & d'Italie; ce font les mêmes piéces & les mêmes acteurs : mais la même mufique produit des effets fi différens fur les deux nations, l'une eft fi calme, & l'autre fi tranfportée, que cela paroît inconcevable.

Il en fera de même de la douleur: elle eft excitée en nous par le déchirement de quelque fibre de notre corps. L'auteur de la nature a établi que cette douleur feroit plus forte, à mefure que le dérangement feroit plus grand : or, il eft évident que les grands corps & les fibres groffiéres des peuples du nord font moins capables de dérangement, que les fibres délicates des peuples des pays chauds; l'ame y eft donc moins fenfible à la douleur. Il faut écorcher un Mofcovite, pour lui donner du fentiment.

Avec cette délicateffe d'organes que l'on a dans les pays chauds, l'ame eft fouverainement émue par tout ce qui a du rapport à l'union des deux fexes; tout conduit à cet objet.

Dans les climats du nord, à peine le phyfique de l'amour a-t'il la force de fe

rendre bien fenfible ; dans les climats
tempérés, l'amour accompagné de mille
acceffoires fe rend agréable par des chofes, qui d'abord femblent être lui-même, & ne font pas encore lui ; dans les
climats plus chauds, on aime l'amour
pour lui-même, il eft la caufe unique
du bonheur, il eft la vie.

Dans les pays du midi, une machine
délicate, foible, mais fenfible, fe livre
à un amour qui, dans un ferrail, naît
& fe calme fans ceffe; ou bien à un
amour, qui laiffant les femmes dans une
plus grande indépendance, eft expofé
à mille troubles. Dans les pays du nord,
une machine faine & bien conftituée,
mais lourde, trouve fes plaifirs dans
tout ce qui peut remettre les efprits en
mouvement, la chaffe, les voyages, la
guerre, le vin. Vous trouverez dans les
climats du nord des peuples qui ont peu
de vices, affez de vertus, beaucoup de
fincérité & de franchife. Approchez
des pays du midi, vous croirez vous
éloigner de la morale même ; des paffions plus vives multiplieront les crimes ; chacun cherchera à prendre fur les
autres tous les avantages qui peuvent
favorifer ces mêmes paffions. Dans les

pays tempérés, vous verrez des peuples inconftans dans leurs manieres,
dans leurs vices mêmes, & dans leurs
vertus : le climat n'y a pas une qualité
affez déterminée pour les fixer eux-
mêmes.

La chaleur du climat peut être fi exceffive, que le corps y fera abfolument
fans force. Pour lors, l'abattement paffera à l'efprit même ; aucune curiofité,
aucune noble entreprife, aucun fentiment généreux ; les inclinations y feront toutes paffives ; la pareffe y fera le
bonheur ; la plupart des châtimens y feront moins difficiles à foutenir, que
l'action de l'ame ; & la fervitude moins
infupportable, que la force d'efprit qui
eft néceffaire pour fe conduire foi-même.

## CHAPITRE III.

### Contradiction dans les caracteres de certains peuples du midi.

LES Indiens (a) font naturellement
fans courage ; les enfans (b) mêmes des

(a) » Cent foldats d'Europe, dit *Tavernier*, n'au-
» roient pas grand'peine à battre mille foldats In-
» diens. «

(b) Les Perfans même qui s'établiffent aux Indes,

Européens nés aux Indes, perdent celui de leur climat. Mais comment accorder cela avec leurs actions atroces, leurs coutumes, leurs pénitences barbares? Les hommes s'y soumettent à des maux incroyables, les femmes s'y brûlent elles-mêmes : voilà bien de la force pour tant de foiblesse.

La nature, qui a donné à ces peuples une foiblesse qui les rend timides, leur a donné aussi une imagination si vive, que tout les frappe à l'excès. Cette même délicatesse d'organes qui leur fait craindre la mort, sert aussi à leur faire redouter mille choses plus que la mort. C'est la même sensibilité qui leur fait fuir tous les périls, & les leur fait tous braver.

Comme une bonne éducation est plus nécessaire aux enfans qu'à ceux dont l'esprit est dans sa maturité ; de même les peuples de ces climats ont plus besoin d'un légiflateur fage, que les peuples du nôtre. Plus on est aisément & fortement frappé, plus il importe de l'être d'une manière convenable, de ne rece-

---

prennent, à la troisiéme génération, la nonchalance & la lâcheté Indienne. Voyez *Bernier*, sur le Mogol, tom. I, p. 282.

voir pas des préjugés, & d'être conduit
par la raison.

Du temps des Romains, les peuples du
nord de l'Europe vivoient fans art, fans
éducation, prefque fans loix : & cependant, par le feul bon fens attaché aux
fibres groffieres de ces climats, ils fe
maintirent avec une fageffe admirable
contre la puiffance Romaine, jufqu'au
moment où ils fortirent de leurs forêts
pour la détruire.

## CHAPITRE IV.

*Caufe de l'immutabilité de la religion,*
*des mœurs, des manieres, des loix,*
*dans les pays d'orient.*

Si avec cette foibleffe d'organes qui
fait recevoir aux peuples d'orient les
impreffions du monde les plus fortes,
vous joignez une certaine pareffe dans
l'efprit, naturellement liée avec celle
du corps, qui faffe que cet efprit ne
foit capable d'aucune action, d'aucun
effort, d'aucune contention; vous com-
prendrez que l'ame qui a une fois reçu
des impreffions ne peut plus en changer.
C'eft ce qui fait que les loix, les

mœurs (*a*), & les manieres, même celles qui paroiſſent indifférentes, comme
la façon de ſe vêtir, ſont aujourd'hui en
orient comme elles étoient il y a mille
ans.

(*a*) On voit, par un fragment de *Nicolas de Da-
mas*, recueilli par *Conſtantin Porphyrogenete*, que la
coutume étoit ancienne en orient, d'envoyer étran-
gler un gouverneur qui déplaiſoit ; elle étoit du
temps des Médes.

## CHAPITRE V.

*Que les mauvais légiſlateurs ſont ceux
qui ont favoriſé les vices du climat,
& les bons ſont ceux qui s'y ſont op-
poſés.*

Lᴇs Indiens croient que le repos &
le néant ſont le fondement de toutes
choſes, & la fin où elles aboutiſſent. Ils
regardent donc l'entiere inaction comme l'état le plus parfait & l'objet de
leurs deſirs. Ils donnent au ſouverain
être (*a*) le ſurnom d'immobile. Les Sia-
mois croient que la félicité (*b*) ſuprême
conſiſte à n'être point obligé d'animer
une machine & de faire agir un corps.

(*a*) Panamanack. Voyez *Kircher*.
(*b*) *La Loubere*, relation de Siam, p. 446.

Dans ces pays, où la chaleur exceſſive énerve & accable, le repos eſt ſi délicieux, & le mouvement ſi pénible, que ce ſyſtême de métaphyſique paroît naturel ; & (a) *Foé*, légiſlateur des Indes, a ſuivi ce qu'il ſentoit, lorſqu'il a mis les hommes dans un état extrémement paſſif : mais ſa doctrine, née de la pareſſe du climat, la favoriſant à ſon tour, a cauſé mille maux.

Les légiſlateurs de la Chine furent plus ſenſés, lorſque, conſidérant les hommes, non pas dans l'état paiſible où ils ſeront quelque jour, mais dans l'action propre à leur faire remplir les devoirs de la vie, ils firent leur religion, leur philoſophie & leurs loix toutes pratiques. Plus les cauſes phyſiques portent les hommes au repos, plus les cauſes morales les en doivent éloigner.

(a) *Foé* veut réduire le cœur au pur vuide. » Nous » avons des yeux & des oreilles ; mais la perfection eſt » de ne voir ni entendre : une bouche, des mains, &c. » la perfection eſt que ces membres ſoient dans l'inac-» tion. « Ceci eſt tiré du dialogue d'un philoſophe Chinois, rapporté par le P. *du Halde*, tom. III.

## CHAPITRE VI.

### De la culture des terres dans les climats chauds.

LA culture des terres eſt le plus grand travail des hommes. Plus le climat les porte à fuir ce travail, plus la religion & les loix doivent y exciter. Ainſi les loix des Indes, qui donnent les terres aux princes, & ôtent aux particuliers l'eſprit de propriété, augmentent les mauvais effets du climat; c'eſt-à-dire, la pareſſe naturelle.

## CHAPITRE VII.

### Du monachiſme.

LE monachiſme y fait les mêmes maux; il eſt né dans les pays chauds d'orient, où l'on eſt moins porté à l'action qu'à la ſpéculation.

En Aſie, le nombre de dervichs ou moines ſemble augmenter avec la chaleur du climat; les Indes, où elle eſt exceſſive, en ſont remplies : on trouve en Europe cette même différence.

Pour vaincre la pareffe du climat, il faudroit que les loix cherchaffent à ôter tous les moyens de vivre fans travail : mais, dans le midi de l'Europe, elles font tout le contraire ; elles donnent à ceux qui veulent être oififs des places propres à la vie fpéculative, & y attachent des richeffes immenfes. Ces gens, qui vivent dans une abondance qui leur eft à charge, donnent avec raifon leur fuperflu au bas peuple : il a perdu la propriété des biens ; ils l'en dédommagent par l'oifiveté dont ils le font jouir ; & il parvient à aimer fa mifere même.

## CHAPITRE VIII.

### Bonne coutume de la Chine.

LES relations (a) de la Chine nous parlent de la cérémonie (b) d'ouvrir les terres, que l'empereur fait tous les ans. On a voulu exciter (c) les peuples au

(a) Le P. *du Halde*, hiftoire de la Chine, tom. II, p. 72.

(b) Plufieurs rois des Indes font de même. Relation du royaume de Siam par *la Loubere*, p. 69.

(c) *Venty*, troifiéme empereur de la troifiéme dynaftie, cultiva la terre de fes propres mains, & fit travailler à la foie, dans fon palais, l'impératrice & fes femmes. Hiftoire de la Chine.

labourage par cet acte public & folemnel.

De plus, l'empereur eſt informé chaque année du laboureur qui s'eſt le plus diſtingué dans ſa profeſſion ; il le fait mandarin du huitiéme ordre.

Chez les anciens Perſes (a), le huitiéme jour du mois nommé *Chorrem-ruz*, les rois quittoient leur faſte pour manger avec les laboureurs. Ces inſtitutions ſont admirables pour encourager l'agriculture.

(a) M. *Hyde*, religion des Perſes.

## CHAPITRE IX.

*Moyens d'encourager l'induſtrie.*

JE ferai voir, au livre XIX, que les nations pareſſeuſes ſont ordinairement orgueilleuſes. On pourroit tourner l'effet contre la cauſe, & détruire la pareſſe par l'orgueil. Dans le midi de l'Europe, où les peuples ſont ſi frappés par le point d'honneur, il ſeroit bon de donner des prix aux laboureurs qui auroient le mieux cultivé leurs champs, ou aux ouvriers qui auroient porté plus loin leur induſtrie. Cette pratique réuſfira même par tout pays. Elle a fervi de nos jours, en Irlande, à l'établiffe-ment d'une des plus importantes manu-factures de toile qui foit en Europe.

## CHAPITRE X.

*Des loix qui ont rapport à la fobriété des peuples.*

Dans les pays chauds, la partie aqueufe du fang fe diffipe beaucoup par la tranf-piration (*a*); il y faut donc fubftituer un liquide pareil. L'eau y eft d'un ufage admirable, les liqueurs fortes y coagu-leroient les globules (*b*) du fang qui ref-tent après la diffipation de la partie aqueufe.

Dans les pays froids, la partie aqueu-fe du fang s'exhale peu par la tranfpira-tion; elle refte en grande abondance. On y peut donc ufer de liqueurs fpi-

(*a*) M. Bernier faifant un voyage de *Lahor* à *Ca-chemir*, écrivoit : » Mon corps eft un crible ; à peine » ai-je avalé une pinte d'eau, que je la vois fortir com-» me une rofée de tous mes membres jufqu'au bout des » doigts ; j'en bois dix pintes par jour, & cela ne me » fait point de mal. « Voyage de *Bernier*, tom. II, P. 261.

(*b*) Il y a dans le fang des globules rouges, des parties fibreufes, des globules blancs, & de l'eau dans laquelle nage tout cela.

ritueufes, fans que le fang fe coagule. On y eft plein d'humeurs ; les liqueurs fortes, qui donnent du mouvement au fang, y peuvent être convenables.

La loi de Mahomet, qui défend de boire du vin, eft donc une loi du climat d'Arabie : auffi, avant Mahomet, l'eau étoit-elle la boiffon commune des Arabes. La loi ( a ) qui défendoit aux Carthaginois de boire du vin, étoit auffi une loi du climat; effectivement le climat de ces deux pays eft à peu près le même.

Une pareille loi ne feroit pas bonne dans les pays froids, où le climat femble forcer à une certaine yvrognerie de nation, bien différente de celle de la perfonne. L'yvrognerie fe trouve établie par toute la terre, dans la proportion de la froideur & de l'humidité du climat. Paffez de l'équateur jufqu'à notre pôle, vous y verrez l'yvrognerie augmenter avec les dégrés de latitude. Paffez du même équateur au pôle oppofé, vous y trouverez l'yvrognerie aller vers le midi (b), comme de ce

---

(a) Platon, liv. II des loix: Ariftote, du foin des affaires domeftiques : Eufebe, prép. évang. liv. XII, ch. XVII.

(b) Cela fe voit dans les Hottentots & les peuples de la pointe de Chily, qui font plus près du fud.

côté - ci elle avoit été vers le nord.

Il eſt naturel que, là où le vin eſt contraire au climat, & par conſéquent à la ſanté, l'excès en ſoit plus ſévérement puni, que dans les pays où l'yvrognerie a peu de mauvais effets pour la perſonne; où elle en a peu pour la ſociété; où elle ne rend point les hommes furieux, mais ſeulement ſtupides. Ainſi les loix (a) qui ont puni un homme yvre, & pour la faute qu'il faiſoit & pour l'yvreſſe, n'étoient appliquables qu'à l'yvrognerie de la perſonne, & non à l'yvrognerie de la nation. Un Allemand boit par coutume, un Eſpagnol par choix.

Dans les pays chauds, le relâchement des fibres produit une grande tranſpiration des liquides : mais les parties ſolides ſe diſſipent moins. Les fibres, qui n'ont qu'une action très-foible & peu de reſſort, ne s'uſent guere; il faut peu de ſuc nourricier pour les réparer : on y mange donc très-peu.

Ce ſont les différens beſoins, dans les différens climats, qui ont formé les différentes manieres de vivre; & ces

(a) Comme fit Pittacus, ſelon Ariſtote, politiq. liv. II, ch. III. Il vivoit dans un climat où l'yvrognerie n'eſt pas un vice de nation.

différentes

différentes manieres de vivre, ont formé les diverses sortes de loix. Que dans une nation les hommes se communiquent beaucoup, ils faut de certaines loix ; il en faut d'autres, chez un peuple où l'on ne se communique point.

## CHAPITRE XI.

*Des loix qui ont du rapport aux maladies du climat.*

HÉRODOTE (*a*) nous dit que les loix des Juifs sur la lépre, ont été tirées de la pratique des Egyptiens. En effet, les mêmes maladies demandoient les mêmes remédes. Ces loix furent inconnues aux Grecs & aux premiers Romains, aussi-bien que le mal. Le climat de l'Egypte & de la Palestine les rendit nécessaires ; & la facilité qu'a cette maladie à se rendre populaire, nous doit bien faire sentir la sagesse & la prévoyance de ces loix.

Nous en avons nous-mêmes éprouvé les effets. Les croisades nous avoient apporté la lépre ; les réglemens sages que

(*a*) Liv. II.

l'on fit l'empêcherent de gagner la maſſe du peuple.

On voit par la loi (*a*) des Lombards, que cette maladie étoit répandue en Italie avant les croiſades, & mérita l'attention des légiſlateurs. *Rotharis* ordonna qu'un lépreux, chaſſé de ſa maiſon & relégué dans un endroit particulier, ne pourroit diſpoſer de ſes biens ; parce que, dès le moment qu'il avoit été tiré de ſa maiſon, il étoit cenſé mort. Pour empêcher toute communication avec les lépreux, on les rendoit incapables des effets civils.

Je penſe que cette maladie fut apportée en Italie par les conquêtes des empereurs Grecs, dans les armées deſquels il pouvoit y avoir des milices de la Paleſtine ou de l'Egypte. Quoiqu'il en ſoit, les progrès en furent arrêtés juſqu'au temps des croiſades.

On dit que les ſoldats de Pompée revenant de Syrie, rapporterent une maladie à peu près pareille à la lépre. Aucun réglement, fait pour lors, n'eſt venu juſqu'à nous : mais il y a apparence qu'il y en eut, puiſque ce mal fut ſuſpendu juſqu'au temps des Lombards.

(*a*) Liv. II, tit. 1, §. 3 ; & tit. 18, §. 1.

Il y a deux fiécles, qu'une maladie inconnue à nos peres paſſa du nouveau-monde dans celui-ci, & vint attaquer la nature humaine juſques dans la ſource de la vie & des plaiſirs. On vit la plu-part des plus grandes familles du midi de l'Europe périr par un mal qui de-vint trop commun pour être honteux, & ne fut plus que funeſte. Ce fut la ſoif de l'or qui perpétua cette maladie; on alla ſans ceſſe en Amérique, & on en rapporta toujours de nouveaux levains.

Des raiſons pieuſes voulurent deman-der qu'on laiſſât cette punition ſur le crime : mais cette calamité étoit entrée dans le ſein du mariage, & avoit déja corrompu l'enfance même.

Comme il eſt de la ſageſſe des légiſla-teurs de veiller à la ſanté des citoyens, il eût été très-cenſé d'arrêter cette com-munication par des loix faites ſur le plan des loix Moſaïques.

La peſte eſt un mal dont les ravages ſont encore plus prompts & plus rapi-des. Son ſiége principal eſt en Egypte, d'où elle ſe répand par tout l'univers. On a fait, dans la plupart des états de l'Europe, de très-bons réglemens pour l'empêcher d'y pénétrer; & on a ima-

giné de nos jours un moyen admirable
de l'arrêter : on forme une ligne de
troupes autour du pays infecté, qui empêche toute communication.

Les (a) Turcs qui n'ont à cet égard
aucune police, voient les Chrétiens,
dans la même ville, échapper au danger, & eux feuls périr ; ils achetent les
habits des pestiférés, s'en vêtiffent, &
vont leur train. La doctrine d'un destin
rigide qui regle tout, fait du magistrat
un spectateur tranquille : il pense que
dieu a déja tout fait, & que lui n'a
rien à faire.

(a) *Ricaut*, de l'empire Ottoman, p. 284.

## CHAPITRE XII.

### *Des loix contre ceux qui se tuent (a)*
### *eux-mêmes.*

Nous ne voyons point dans les histoires, que les Romains se fiffent mourir fans fujet : mais les Anglois se tuent
fans qu'on puiffe imaginer aucune raifon qui les y détermine ; ils se tuent
dans le fein même du bonheur. Cette

(a) L'action de ceux qui se tuent eux-mêmes, est
contraire à la loi naturelle, & à la religion révélée.

action, chez les Romains, étoit l'effet de l'éducation ; elle tenoit à leurs manieres de penser & à leurs coutumes : chez les Anglois, elle est l'effet d'une maladie (*a*) ; elle tient à l'état physique de la machine, & est indépendante de toute autre cause.

Il y a apparence que c'est un défaut de filtration du suc nerveux ; la machine, dont les forces motrices se trouvent à tout moment sans action, est lasse d'elle-même ; l'ame ne sent point de douleur, mais une certaine difficulté de l'existence. La douleur est un mal local, qui nous porte au desir de voir cesser cette douleur ; le poids de la vie est un mal qui n'a point de lieu particulier, & qui nous porte au desir de voir finir cette vie.

Il est clair que les loix civiles de quelques pays, ont eu des raisons pour flétrir l'homicide de soi-même : mais en Angleterre on ne peut pas plus le punir, qu'on ne punit les effets de la démence.

(*a*) Elle pourroit bien être compliquée avec le scorbut, qui, surtout dans quelques pays, rend un homme bizarre & insupportable à lui-même. Voyage de *François Pyrard*, part. II, ch. XXI.

## CHAPITRE XIII.

### *Effets qui réfultent du climat d'Angleterre.*

DANS une nation à qui une maladie du climat affecte tellement l'ame, qu'elle pourroit porter le dégoût de toutes chofes jufqu'à celui de la vie, on voit bien que le gouvernement qui conviendroit le mieux à des gens à qui tout feroit infupportable, feroit celui où ils ne pourroient pas fe prendre à un feul de ce qui cauferoit leurs chagrins : & où les loix gouvernant plutôt que les hommes, il faudroit, pour changer l'état, les renverfer elles-mêmes.

Que fi la même nation avoit encore reçu du climat un certain caractere d'impatience, qui ne lui permît pas de fouffrir longtemps les mêmes chofes ; on voit bien que le gouvernement dont nous venons de parler, feroit encore le plus convenable.

Ce caractere d'impatience n'eft pas grand par lui-même : mais il peut le devenir beaucoup, quand il eft joint avec le courage.

Il est différent de la légéreté, qui fait que l'on entreprend sans sujet, & que l'on abandonne de même ; il approche plus de l'opiniâtreté, parce qu'il vient d'un sentiment des maux, si vif, qu'il ne s'affoiblit pas même par l'habitude de les souffrir.

Ce caractere, dans une nation libre, seroit très-propre à déconcerter les projets de la tyrannie (a), qui est toujours lente & foible dans ses commencemens, comme elle est prompte & vive dans sa fin ; qui ne montre d'abord qu'une main pour secourir, & opprime ensuite avec une infinité de bras.

La servitude commence toujours par le sommeil. Mais un peuple qui n'a de repos dans aucune situation, qui se tâte sans cesse, & trouve tous les endroits douloureux, ne pourroit guere s'endormir.

La politique est une lime sourde, qui use & qui parvient lentement à sa fin. Or, les hommes dont nous venons de parler, ne pourroient soutenir les lenteurs, les détails, le sang-froid des né-

(a) Je prens ici ce mot pour le dessein de renverser le pouvoir établi, & surtout la démocratie. C'est la signification que lui donnoient les Grecs & les Romains.

C iv

gociations ; ils y réuffiroient fouvent moins que toute autre nation ; & ils perdroient, par leurs traités, ce qu'ils auroient obtenu par leurs armes.

---

# CHAPITRE XIV.

### *Autres effets du climat.*

Nos peres, les anciens Germains, habitoient un climat où les paffions étoient très-calmes. Leurs loix ne trouvoient dans les chofes que ce qu'elles voyoient, & n'imaginoient rien de plus. Et comme elles jugeoient des infultes faites aux hommes par la grandeur des bleffures, elles ne mettoient pas plus de rafinement dans les offenfes faites aux femmes. La loi (a) des Allemands eft làdeffus fort finguliere. Si l'on découvre une femme à la tête, on payera une amende de fix fols ; autant fi c'eft à la jambe jufqu'au genou ; le double depuis le genou. Il femble que la loi mefuroit la grandeur des outrages faits à la perfonne des femmes, comme on mefure une figure de géométrie ; elle ne puniffoit point le crime de l'imagination ;

(a) Ch. LVIII, §. 1 & 2.

elle puniſſoit celui des yeux. Mais, lorſqu'une nation Germanique ſe fut tranſ-
portée en Eſpagne, le climat trouva
bien d'autres loix. La loi des Wiſigoths
défendit aux médecins de ſaigner une
femme *ingénue* qu'en préſence de ſon
pere ou de ſa mere, de ſon frere, de
ſon fils ou de ſon oncle. L'imagination
des peuples s'alluma, celle des légiſlateurs s'échauffa de même ; la loi ſoup-
çonna tout, pour un peuple qui pouvoit
tout ſoupçonner.

Ces loix eurent donc une extrême
attention ſur les deux ſexes. Mais il
ſemble que, dans les punitions qu'elles
firent, elles ſongerent plus à flatter la
vengeance particuliere, qu'à exercer la
vengeance publique. Ainſi dans la plupart des cas, elles réduiſoient les deux
coupables dans la ſervitude des parens
ou du mari offenſé. Une femme (*a*) ingénue, qui s'étoit livrée à un homme
marié, étoit remiſe dans la puiſſance de
ſa femme, pour en diſpoſer à ſa volonté. Elles obligeoient les eſclaves (*b*) de
lier & de préſenter au mari ſa femme
qu'ils ſurprenoient en adultere : elles

(*a*) Loi des Wiſigoths, liv. III, tit 4, §. 9.
(*b*) Ibid. liv. III, tit. 4, §. 6,

C v

permettoient à ſes enfans (*a*) de l'accuſer, & de mettre à la queſtion ſes eſclaves pour la convaincre. Auſſi furent-elles plus propres à rafiner à l'excès un certain point d'honneur, qu'à former une bonne police. Et il ne faut pas être étonné ſi le comte Julien crut qu'un outrage de cette eſpece demandoit la perte de ſa patrie & de ſon roi. On ne doit pas être ſurpris, ſi les Maures, avec une telle conformité de mœurs, trouverent tant de facilité à s'établir en Eſpagne, à s'y maintenir, & à retarder la chûte de leur empire.

(*a*) Ibid. liv. III, tit. 4, §. 13.

## CHAPITRE XV.

### *De la différente confiance que les loix ont dans le peuple, ſelon les climats.*

LE peuple Japonois a un caractere ſi atroce, que ſes légiſlateurs & ſes magiſtrats n'ont pu avoir aucune confiance en lui : Ils ne lui ont mis devant les yeux que des juges, des menaces & des châtimens : ils l'ont ſoumis, pour chaque démarche, à l'inquiſition de la police. Ces loix, qui, ſur cinq chefs de famille, en établissent un comme magistrat sur les quatre autres ; ces loix, qui, pour un seul crime, punissent toute une famille ou tout un quartier ; ces loix, qui ne trouvent point d'innocens là où il peut y avoir un coupable ; sont faites pour que tous les hommes se méfient les uns des autres, pour que chacun recherche la conduite de chacun, & qu'il en soit l'inspecteur, le témoin & le juge.

Le peuple des Indes au contraire est doux ( a ), tendre, compatissant. Aussi ses législateurs ont-ils une grande confiance en lui. Ils ont établi peu ( b ) de peines, & elles sont peu séveres ; elles ne sont pas même rigoureusement exécutées. Ils ont donné les neveux aux oncles, les orphelins aux tuteurs, comme on les donne ailleurs à leurs peres : ils ont réglé la succession par le mérite reconnu du successeur. Il semble qu'ils ont pensé que chaque citoyen devoit se reposer sur le bon naturel des autres.

Ils donnent aisément la liberté ( c ) à leurs esclaves ; ils les marient ; ils les

(a) Voyez Bernier, tom. II, p. 140.
(b) Voyez dans le quatorzième recueil des lettres édifiantes, p. 403, les principales loix ou coutumes des peuples de l'Inde de la presqu'ile deçà le Gange.
(c) Lettres édifiantes, neuvième recueil, p. 378.

C vj

traitent comme leurs enfans (*a*) : heureux climat, qui fait naître la candeur des mœurs & produit la douceur des loix !

(*a*) J'avois penfé que la douceur de l'efclavage aux Indes avoit fait dire à Diodore, qu'il n'y avoit dans ce pays ni maître ni efclave : mais Diodore a attribué à toute l'Inde, ce qui, felon Strabon, liv. XV, n'étoit propre qu'à une nation particuliere.

# LIVRE XV.

*Comment les loix de l'efclavage civil ont du rapport avec la nature du climat.*

## CHAPITRE PREMIER.

### *De l'efclavage civil.*

L'ESCLAVAGE proprement dit eft l'établiffement d'un droit qui rend un homme tellement propre à un autre homme, qu'il eft le maître abfolu de fa vie & de fes biens. Il n'eft pas bon par fa nature: il n'eft utile ni au maître, ni à l'efclave; à celui-ci, parce qu'il ne peut rien faire par vertu; à celui-là, parce qu'il contracte avec fes efclaves toutes fortes de mauvaifes habitudes, qu'il s'accoutume infenfiblement à manquer à toutes les vertus morales, qu'il devient fier, prompt, dur, colere, voluptueux, cruel.

Dans les pays defpotiques, où l'on eft déja fous l'efclavage politique, l'efclavage civil eft plus tolérable qu'ailleurs. Chacun y doit être affez content

d'y avoir fa fubfiftance & la vie. Ainfi
la condition de l'efclave n'y eft guere
plus à charge que la condition du fujet.

Mais, dans le gouvernement monarchique, où il eft fouverainement important de ne point abattre ou avilir la nature humaine, il ne faut point d'efclave. Dans la démocratie où tout le monde eft égal, & dans l'ariftocratie où les
loix doivent faire leurs efforts pour que
tout le monde foit auffi égal que la nature du gouvernement peut le permettre, des efclaves font contre l'efprit de
la conftitution; ils ne fervent qu'à donner aux citoyens une puiffance & un luxe
qu'ils ne doivent point avoir.

## CHAPITRE II.

*Origine du droit de l'efclavage chez les
jurifconfultes Romains.*

ON ne croiroit jamais que ç'eût été
la pitié qui eût établi l'efclavage, &
que pour cela elle s'y fût prife de trois,
manieres (a).

Le droit des gens a voulu que les
prifonniers fuffent efclaves, pour qu'on

(a) Inftit. de *Juftinien*; liv. I.

ne les tuât pas. Le droit civil des Romains permit à des débiteurs, que leurs créanciers pouvoient maltraiter, de se vendre eux-mêmes : & le droit naturel a voulu que des enfans, qu'un pere esclave ne pouvoit plus nourrir, fussent dans l'esclavage comme leur pere.

Ces raisons des jurisconsultes ne sont point sensées. Il est faux qu'il soit permis de tuer dans la guerre autrement que dans le cas de nécessité : mais dès qu'un homme en a fait un autre esclave, on ne peut pas dire qu'il ait été dans la nécessité de le tuer, puisqu'il ne l'a pas fait. Tout le droit que la guerre peut donner sur les captifs, est de s'assurer tellement de leur personne, qu'ils ne puissent plus nuire. Les homicides faits de sang froid par les soldats, & après la chaleur de l'action, sont rejettés de toutes les nations ( *a* ) du monde.

2°. Il n'est pas vrai qu'un homme libre puisse se vendre. La vente suppose un prix : l'esclave se vendant, tous ses biens entreroient dans la propriété du

(*a*) Si l'on ne veut citer celles qui mangent leurs prisonniers.

maître; le maître ne donneroit donc rien, & l'esclave ne recevroit rien. Il auroit un *pécule*, dira-t'on : mais le pécule est accessoire à la personne. S'il n'est pas permis de se tuer, parce qu'on se dérobe à sa patrie, il n'est pas plus permis de se vendre. La liberté de chaque citoyen est une partie de la liberté publique. Cette qualité dans l'état populaire est même une partie de la souveraineté. Vendre sa qualité de citoyen est un (a) acte d'une telle extravagance, qu'on ne peut pas la supposer dans un homme. Si la liberté a un prix pour celui qui l'achete, elle est sans prix pour celui qui la vend. La loi civile, qui a permis aux hommes le partage des biens, n'a pu mettre au nombre des biens une partie des hommes qui devoient faire ce partage. La loi civile, qui restitue sur les contrats qui contiennent quelque lésion, ne peut s'empêcher de restituer contre un accord qui contient la lésion la plus énorme de toutes.

La troisiéme maniere, c'est la naissance. Celle-ci tombe avec les deux autres.

---

(a) Je parle de l'esclavage pris à la rigueur, tel qu'il étoit chez les Romains, & qu'il est établi dans nos colonies.

Car fi un homme n'a pu fe vendre, encore moins a-t'il pu vendre fon fils qui
n'étoit pas né : fi un prifonnier de guerre
ne peut être réduit en fervitude, encore
moins fes enfans.

Ce qui fait que la mort d'un criminel
eft une chofe licite, c'eft que la loi qui
le punit a été faite en fa faveur. Un
meurtrier, par exemple, a joui de la loi
qui le condamne; elle lui a confervé la
vie à tous les inftans : il ne peut donc
pas réclamer contr'elle. Il n'en eft pas
de même de l'efclave : la loi de l'efclavage n'a jamais pu lui être utile; elle
eft dans tous les cas contre lui, fans jamais être pour lui; ce qui eft contraire
au principe fondamental de toutes les
fociétés.

On dira qu'elle a pu lui être utile,
parce que le maître lui a donné la nourriture. Il faudroit donc réduire l'efclavage aux perfonnes incapables de gagner leur vie. Mais on ne veut pas de
ces efclaves-là. Quant aux enfans, la
nature qui a donné du lait aux meres,
a pourvu à leur nourriture; & le refte
de leur enfance eft fi près de l'âge où eft
en eux la plus grande capacité de fe rendre utiles, qu'on ne pourroit pas dire

que celui qui les nourriroit , pour être
leur maître, donnât rien.

L'efclavage eft d'ailleurs auffi oppofé au droit civil qu'au droit naturel.
Quelle loi civile pourroit empêcher un
efclave de fuir, lui qui n'eft point dans
la fociété , & que par conféquent au-
cunes loix civiles ne concernent ? Il ne
peut être retenu que par une loi de famille ; c'eft-à-dire , par la loi du maître.

## CHAPITRE III.

### Autre origine du droit de l'efclavage.

J'AIMEROIS autant dire que le droit
de l'efclavage vient du mépris qu'une
nation conçoit pour une autre, fondé
fur la différence des coutumes.

Lopes de Gamar (a) dit » que les Ef-
» pagnols trouverent près de fainte Mar-
» the des paniers où les habitans avoient
» des denrées ; c'étoient des cancres, des
» limaçons , des cigales, des fauterelles.
» Les vainqueurs en firent un crime aux
» vaincus. « L'auteur avoue que c'eft là-
deffus qu'on fonda le droit qui rendoit

(a) Biblioth. Angl. tom. XIII ; deuxiéme partie ,
art. 3.

les Américains esclaves des Espagnols ;
outre qu'ils fumoient du tabac, & qu'ils
ne se faisoient pas la barbe à l'Espagnole.

Les connoissances rendent les hommes doux ; la raison porte à l'humanité :
il n'y a que les préjugés qui y fassent
renoncer.

## CHAPITRE IV.

*Autre origine du droit de l'esclavage.*

J'ᴀɪᴍᴇʀᴏɪs autant dire que la religion donne à ceux qui la professent un
droit de réduire en servitude ceux qui
ne la professent pas, pour travailler plus
aisément à sa propagation.

Ce fut cette maniere de penser qui
encouragea les destructeurs de l'Amérique dans leurs crimes (*a*). C'est sur cette
idée qu'ils fonderent le droit de rendre
tant de peuples esclaves ; car ces brigands, qui vouloient absolument être
brigands & chrétiens, étoient très-dévôts.

Louis XIII (*b*) se fit un peine extrême

(*a*) Voyez l'histoire de la conquête du Mexique par
*Solis* ; & celle du Pérou par *Garcilasso de la Vega*.
(*b*) Le P. *Labat*, nouveau voyage aux isles de
l'Amérique, tom. IV, p. 114, 1722, *in-12*.

de la loi qui rendoit efclaves les Négres de fes colonies : mais quand on lui eut bien mis dans l'efprit que c'étoit la voie la plus fure pour les convertir, il y con= fentit.

## CHAPITRE V.

### De l'efclavage des Négres.

Si j'avois à foutenir le droit que nous avons eu de rendre les Négres efclaves, voici ce que je dirois :

Les peuples d'Europe ayant exter= miné ceux de l'Amérique, ils ont dû mettre en efclavage ceux de l'Afrique, pour s'en fervir à défricher tant de terres.

Le fucre feroit trop cher, fi l'on ne faifoit travailler la plante qui le produit par des efclaves.

Ceux dont il s'agit font noirs depuis les pieds jufqu'à la tête ; & ils ont le nez fi écrafé, qu'il eft prefque impoffible de les plaindre.

On ne peut fe mettre dans l'efprit que dieu, qui eft un être très-fage, ait mis une ame, furtout une ame bonne, dans un corps tout noir.

Il est si naturel de penser que c'est la couleur qui constitue l'essence de l'humanité, que les peuples d'Asie qui font des eunuques, privent toujours les noirs du rapport qu'ils ont avec nous d'une façon plus marquée.

On peut juger de la couleur de la peau par celle des cheveux, qui, chez les Egyptiens, les meilleurs philosophes du monde, étoient d'une si grande conséquence, qu'ils faisoient mourir tous les hommes roux qui leur tomboient entre les mains.

Une preuve que les Négres n'ont pas le sens commun, c'est qu'ils font plus de cas d'un collier de verre, que de l'or, qui chez des nations policées est d'une si grande conséquence.

Il est impossible que nous supposions que ces gens-là soient des hommes; parce que, si nous les supposions des hommes, on commenceroit à croire que nous ne sommes pas nous-mêmes chrétiens.

De petits esprits exagerent trop l'injustice que l'on fait aux Africains. Car, si elle étoit telle qu'ils le disent, ne seroit-il pas venu dans la tête des princes d'Europe, qui font entr'eux tant de

conventions inutiles, d'en faire une générale en faveur de la miféricorde & de
la pitié ?

---

# CHAPITRE VI.

*Véritable origine du droit de l'efclavage.*

I L eft temps de chercher la vraie origine du droit de l'efclavage. Il doit être
fondé fur la nature des chofes : voyons
s'il y a des cas où il en dérive.

Dans tout gouvernement defpotique,
on a une grande facilité à fe vendre ; l'efclavage politique y anéantit en quelque
façon la liberté civile.

M. Perry (*a*) dit que les Mofcovites
fe vendent très-aifément : j'en fçais bien
la raifon, c'eft que leur liberté ne vaut
rien.

A Achim tout le monde cherche à fe
vendre. Quelques uns des principaux
feigneurs (*b*) n'ont pas moins de mille
efclaves, qui font des principaux marchands, qui ont auffi beaucoup d'efclaves fous eux ; & ceux-ci beaucoup d'au-

(*a*) Etat préfent de la Grande Ruffie, par *Jean
Perry*, Paris, 1717, *in*-12.
(*b*) Nouveau voyage autour du monde par *Guillau-
me Dampierre*, tom. III, Amfterdam, 1711.

tres : on en hérite, & on les fait trafiquer.
Dans ces états, les hommes libres, trop
foibles contre le gouvernement, cherchent à devenir les esclaves de ceux qui
tyrannisent le gouvernement.

C'est là l'origine juste & conforme à
la raison, de ce droit d'esclavage très-
doux que l'on trouve dans quelques
pays ; & il doit être doux, parce qu'il
est fondé sur le choix libre qu'un homme, pour son utilité, se fait d'un maître ;
ce qui forme une convention réciproque
entre les deux parties.

## CHAPITRE VII.

*Autre origine du droit de l'esclavage.*

Voici une autre origine du droit de
l'esclavage, & même de cet esclavage
cruel que l'on voit parmi les hommes.

Il y a des pays où la chaleur énerve
le corps, & affoiblit si fort le courage,
que les hommes ne sont portés à un devoir pénible que par la crainte du châti-
ment : l'esclavage y choque donc moins
la raison ; & le maître y étant aussi lâ-
che à l'égard de son prince, que son esclave l'est à son égard, l'esclavage civil

y eft encore accompagné de l'efclavage
politique.

*Ariftote* (*a*) veut prouver qu'il y a
des efclaves par nature, & ce qu'il dit
ne le prouve guere. Je crois que, s'il y
en a de tels, ce font ceux dont je viens
de parler.

Mais, comme tous les hommes naiffent égaux, il faut dire que l'efclavage
eft contre la nature, quoique dans certains pays il foit fondé fur une raifon
naturelle; & il faut bien diftinguer ces
pays d'avec ceux où les raifons naturelles mêmes les rejettent, comme les
pays d'Europe où il a été fi heureufement aboli.

Plutarque nous dit, dans la vie de
Numa, que du temps de Saturne il n'y
avoit ni maître ni efclave. Dans nos
climats, le chriftianifme a ramené cet
âge.

(*a*) Polit. liv. I, ch. 1.

---

# CHAPITRE VIII.

### Inutilité de l'efclavage parmi nous.

IL faut donc borner la fervitude naturelle à de certains pays particuliers de la
terre,

terre. Dans tous les autres, il me semble que, quelque pénibles que soient les
travaux que la société y exige, on peut
tout faire avec des hommes libres.

Ce qui me fait penser ainsi, c'est qu'a-
vant que le christianisme eût aboli en
Europe la servitude civile, on regardoit les travaux des mines comme si pénibles, qu'on croyoit qu'ils ne pouvoient être faits que par des esclaves ou
par des criminels. Mais on sçait qu'aujourd'hui les hommes qui y sont employés (a) vivent heureux. On a par de
petits priviléges encouragé cette profession ; on a joint à l'augmentation du
travail celle du gain ; & on est parvenu
à leur faire aimer leur condition plus
que toute autre qu'ils eussent pu prendre.

Il n'y a point de travail si pénible
qu'on ne puisse proportionner à la force
de celui qui le fait, pourvu que ce soit
la raison & non pas l'avarice qui le regle. On peut, par la commodité des machines que l'art invente ou applique,
suppléer au travail forcé qu'ailleurs on
fait faire aux esclaves. Les mines des
Turcs, dans le bannat de Témeswar,

(a) On peut se faire instruire de ce qui se passe à
cet égard dans les mines du Hartz dans la basse-Al-
lemagne, & dans celles de Hongrie.

étoient plus riches que celles de Hongrie ; & elles ne produifoient pas tant, parce qu'ils n'imaginoient jamais que les bras de leurs efclaves.

Je ne fçais fi c'eft l'efprit ou le cœur qui me dicte cet article-ci. Il n'y a peut-être pas de climat fur la terre où l'on ne pût engager au travail des hommes libres. Parce que les loix étoient mal faites, on a trouvé des hommes pareffeux ; parce que ces hommes étoient pareffeux, on les a mis dans l'efclavage.

## CHAPITRE IX.

*Des nations chez lefquelles la liberté civile eft généralement établie.*

ON entend dire tous les jours, qu'il feroit bon que, parmi nous, il y eût des efclaves.

Mais, pour bien juger de ceci, il ne faut pas examiner s'ils feroient utiles à la petite partie riche & voluptueufe de chaque nation ; fans doute qu'ils lui feroient utiles : mais, prenant un autre point de vue, je ne crois pas qu'aucun de ceux qui la compofent voulût tirer au fort, pour fçavoir qui devroit former

la partie de la nation qui seroit libre, &
celle qui seroit esclave. Ceux qui parlent
le plus pour l'esclavage l'auroient le plus
en horreur, & les hommes les plus misérables en auroient horreur de même. Le
cri pour l'esclavage est donc le cri du luxe
& de la volupté, & non pas celui de l'a-
mour de la félicité publique. Qui peut
douter que chaque homme, en particulier, ne fût très-content d'être le maître
des biens, de l'honneur & de la vie des
autres; & que toutes ses passions ne se
réveillassent d'abord à cette idée? Dans
ces choses, voulez-vous sçavoir si les
desirs de chacun sont légitimes? examinez les desirs de tous.

## CHAPITRE X.

### Diverses especes d'esclavages.

Il y a deux sortes de servitude, la
réelle & la personnelle. La réelle est celle
qui attache l'esclave au fonds de terre.
C'est ainsi qu'étoient les esclaves chez
les Germains, au rapport de Tacite (a).
Ils n'avoient point d'office dans la maison; ils rendoient à leur maître une cer-

(a) De moribus German.

D ij

taine quantité de bled, de bétail ou d'é-
toffe : l'objet de leur efclavage n'alloit
pas plus loin. Cette efpece de fervitude
eft encore établie en Hongrie, en Bo-
hême, & dans plufieurs endroits de la
baffe-Allemagne.

La fervitude perfonnelle regarde le
miniftere de la maifon, & fe rapporte
plus à la perfonne du maître.

L'abus extrême de l'efclavage eft
lorfqu'il eft en même-temps perfonnel
& réel. Telle étoit la fervitude des Ilo-
tes chez les Lacédémoniens ; ils étoient
foumis à tous les travaux hors de la
maifon, & à toutes fortes d'infultes
dans la maifon : cette *ilotie* eft contre
la nature des chofes. Les peuples fimples n'ont qu'un efclavage réel (*a*), parce que leurs femmes & leurs enfans font
les travaux domeftiques. Les peuples
voluptueux ont un efclavage perfonnel,
parce que le luxe demande le fervice
des efclaves dans la maifon. Or l'ilotie
joint dans les mêmes perfonnes l'efclavage établi chez les peuples voluptueux,
& celui qui eft établi chez les peuples
fimples.

(a Vous ne pourriez, ( *dit Tacite* fur les mœurs
des Germains, ) diftinguer le maître de l'efclave,
par les délices de la vie.

## CHAPITRE XI.

*Ce que les loix doivent faire par rapport à l'esclavage.*

MAIS de quelque nature que soit l'esclavage, il faut que les loix civiles cherchent à en ôter, d'un côté les abus, & de l'autre les dangers.

## CHAPITRE XII.

### *Abus de l'esclavage.*

DANS les états Mahométans (a), on est non-seulement maître de la vie & des biens des femmes esclaves; mais encore de ce qu'on appelle leur vertu ou leur honneur. C'est un des malheurs de ces pays, que la plus grande partie de la nation n'y soit faite que pour servir à la volupté de l'autre. Cette servitude est récompensée par la paresse dont on fait jouir de pareils esclaves; ce qui est encore pour l'état un nouveau malheur.

C'est cette paresse qui rend les serrails

(a) Voyez *Chardin*, voyage de Perse.

D iij

d'orient (a) des lieux de délices, pour
ceux mêmes contre qui ils font faits.
Des gens qui ne craignent que le travail, peuvent trouver leur bonheur dans
ces lieux tranquilles. Mais on voit que
par-là on choque même l'efprit de l'é-
tabliffement de l'efclavage.

La raifon veut que le pouvoir du maître ne s'étende point au-delà des chofes
qui font de fon fervice; il faut que l'efclavage foit pour l'utilité, & non pas
pour la volupté. Les loix de la pudicité font du droit naturel, & doivent
être fenties par toutes les nations du
monde.

Que fi la loi qui conferve la pudicité
des efclaves eft bonne dans les états
où le pouvoir fans bornes fe joue de
tout, combien le fera-t'elle dans les
monarchies? combien le fera-t'elle dans
les états républicains?

Il y a une difpofition de la loi (b)
des Lombards, qui paroît bonne pour
tous les gouvernemens. » Si un maître
» débauche la femme de fon efclave,
» ceux - ci feront tous deux libres: «

(a) Voyez *Chardin*, tom. II, dans fa defcription
du marché d'Izagour.
(b) Liv. I, tit. 32, §. 5.

tempérament admirable pour prévenir & arrêter, sans trop de rigueur, l'incontinence des maîtres.

Je ne vois pas que les Romains aient eu à cet égard une bonne police. Ils lâcherent la bride à l'incontinence des maîtres ; ils priverent même en quelque façon leurs esclaves du droit des mariages. C'étoit la partie de la nation la plus vile : mais quelque vile qu'elle fût, il étoit bon qu'elle eût des mœurs : & de plus, en lui ôtant les mariages, on corrompoit ceux des citoyens.

## CHAPITRE XIII.

### Danger du grand nombre d'esclaves.

L E grand nombre d'esclaves a des effets différens dans les divers gouvernemens. Il n'est point à charge dans le gouvernement despotique ; l'esclavage politique établi dans le corps de l'état, fait que l'on sent peu l'esclavage civil. Ceux que l'on appelle hommes libres ne le font guere plus que ceux qui n'y ont pas ce titre ; & ceux-ci, en qualité d'eunuques, d'affranchis, ou d'esclaves, ayant en main presque toutes les affaires, la con-

D iv

dition d'un homme libre & celle d'un efclave fe touchent de fort près. Il eft donc prefque indifférent que peu ou beaucoup de gens y vivent dans l'efclavage.

Mais, dans les états modérés, il eft très-important qu'il n'y ait point trop d'efclaves. La liberté politique y rend précieufe la liberté civile ; & celui qui eft privé de cette derniere eft encore privé de l'autre. Il voit une fociété heureufe, dont il n'eft pas même partie ; il trouve la fureté établie pour les autres, & non pas pour lui ; il fent que fon maître a une ame qui peut s'aggrandir, & que la fienne eft contrainte de s'abbaiffer fans ceffe. Rien ne met plus près de la condition des bêtes, que de voir toujours des hommes libres & de ne l'être pas. De telles gens font des ennemis naturels de la fociété ; & leur nombre feroit dangereux.

Il ne faut donc pas être étonné que, dans les gouvernemens modérés, l'état ait été fi troublé par la révolte des efclaves, & que cela foit arrivé fi rarement (a) dans les états defpotiques.

_____

(a) La révolte des *Mammelus* étoit un cas particulier ; c'étoit un corps de milice qui ufurpa l'empire.

## CHAPITRE XIV.

### Des esclaves armés.

IL est moins dangereux dans la monarchie d'armer les esclaves, que dans les
républiques. Là un peuple guerrier, un
corps de noblesse, contiendront assez
ces esclaves armés. Dans la république,
des hommes uniquement citoyens ne
pourront guere contenir des gens, qui
ayant les armes à la main, se trouveront
égaux aux citoyens.

Les Goths qui conquirent l'Espagne
se répandirent dans le pays, & bientôt
se trouverent très-foibles. Ils firent trois
réglemens considérables : ils abolirent
l'ancienne coutume qui leur défendoit
de (a) s'allier par mariage avec les Romains ; ils établirent que tous les affranchis (b) du fisc iroient à la guerre, sous
peine d'être réduits en servitude ; ils or-
donnerent que chaque Goth meneroit
à la guerre & armeroit la dixiéme (c)
partie de ses esclaves. Ce nombre étoit

(a) Loi des Wisigoths, liv. III, tit. 1, §. 1.
(b) Ibid. liv. V, tit. 7, §. 20.
(c) Ibid. liv. IX, tit. 2, §. 9.

D v

peu confidérable en comparaifon de ceux
qui reftoient. De plus , ces efclaves me-
nés à la guerre par· leur maître ne faifoient pas un corps féparé ; ils étoient
dans l'armée, & reftoient , pour ainfi
dire, dans la famille.

## CHAPITRE XV.

### Continuation du même fujet.

QUAND toute la nation eft guerriere;.
les efclaves armés font encore moins à
craindre.

Par la loi des Allemands , un efclave
qui voloit (a) une chofe qui avoit été
dépofée, étoit foumis à la peine qu'on auroit infligée à un homme libre : mais s'il
l'enlevoit par (b) violence, il n'étoit
obligé qu'à la reftitution de la chofe
enlevée. Chez les Allemands, les actions
qui avoient pour principe le courage &
la force, n'étoint point odieufes. Ils fe
fervoient de leurs efclaves dans leurs
guerres. Dans la plupart des républiques, on a toujours cherché à abbattre
le courage des efclaves: le peuple Al-

(a) Loi des Allemands, ch. v . §. 3.
(b) Ibid. ch. v ; §. 5 , per violentiam.

lemand, fûr de lui-même, fongeoit à
augmenter l'audace des fiens; toujours
armé, il ne craignoit rien d'eux; c'é-
toient des inftrumens de fes brigandages ou de fa gloire.

---

# CHAPITRE XVI.

*Précautions à prendre dans le gouverne-
ment modéré.*

L'HUMANITÉ que l'on aura pour
les efclaves, pourra prévenir dans l'état
modéré les dangers que l'on pourroit
craindre de leur trop grand nombre.
Les hommes s'accoutument à tout, & à
la fervitude même, pourvu que le maître ne foit pas plus dur que la fervitude.
Les Athéniens traitoient leurs efclaves
avec une grande douceur : on ne voit
point qu'ils aient troublé l'état à Athènes, comme ils ébranlerent celui de Lacédémone.

On ne voit point que les premiers
Romains aient eu des inquiétudes à l'occafion de leurs efclaves. Ce fut lorfqu'ils
eurent perdu pour eux tous les fenti-
mens de l'humanité, que l'on vit naître

ces guerres civiles, qu'on a comparées aux guerres Puniques (a).

Les nations simples, & qui s'attachent elles-mêmes au travail, ont ordinairement plus de douceur pour leurs esclaves, que celles qui y ont renoncé. Les premiers Romains vivoient, travailloient & mangeoient avec leurs esclaves : ils avoient pour eux beaucoup de douceur & d'équité : la plus grande peine qu'ils leur infligeassent étoit de les faire passer devant leurs voisins avec un morceau de bois fourchu sur le dos. Les mœurs suffisoient pour maintenir la fidélité des esclaves ; il ne falloit point de loix.

Mais lorsque les Romains se furent aggrandis, que leurs esclaves ne furent plus les compagnons de leur travail, mais les instrumens de leur luxe & de leur orgueil ; comme il n'y avoit point de mœurs, on eut besoin de loix. Il en fallut même de terribles, pour établir la sureté de ces maîtres cruels, qui vivoient au milieu de leurs esclaves comme au milieu de leurs ennemis.

On fit le sénatus-consulte *Sillanien*,

(a) » La Sicile, *dit Florus*, plus cruellement dévastée par la guerre servile, que par la guerre Punique. « Liv. III.

& d'autres loix (*a*) qui établirent que,
lorfqu'un maître feroit tué, tous les efclaves qui étoient fous le même toît,
ou dans un lieu affez près de la maifon
pour qu'on pût entendre la voix d'un
homme, feroient fans diftinction con-
damnés à la mort. Ceux qui dans ce
cas réfugioient un efclave pour le fau-
ver, étoient punis comme meurtriers (*b*).
Celui-là même à qui fon maître auroit
ordonné (*c*) de le tuer, & qui lui auroit
obéi, auroit été coupable ; celui qui ne
l'auroit point empêché de fe tuer lui-
même, auroit été puni (*d*). Si un maître
avoit été tué dans un voyage, on faifoit mourir (*e*) ceux qui étoient ref-
tés avec lui, & ceux qui s'étoient enfuis. Toutes ces loix avoient lieu contre ceux-mêmes dont l'innocence étoit
prouvée ; elles avoient pour objet de
donner aux efclaves pour leur maître un
refpect prodigieux. Elles n'étoient pas

(*a*) Voyez tout le titre de *fenat. confult. Sillan.*
au ff.

(*b*) Leg. *fi quis*, §. 12, au ff. de *fenat. confult. Sillan.*

(*c*) Quand Antoine commanda à Eros de le tuer,
ce n'étoit point lui commander de le tuer, mais de
fe tuer lui-même ; puifque, s'il lui eût obéi, il auroit
été puni comme meurtrier de fon maître.

(*d*) Leg. 1, §. 22, ff. de *fenat. conjult. Sillan.*

(*e*) Leg. 1, §. 31, ff. *ibid.*

dépendantes du gouvernement civil; mais d'un vice ou d'une imperfection du gouvernement civil. Elles ne dérivoient point de l'équité des loix civiles, puisqu'elles étoient contraires aux principes des loix civiles. Elles étoient proprement fondées fur le principe de la guerre, à cela près que c'étoit dans le sein de l'état qu'étoient les ennemis. Le sénatus - consulte Sillanien dérivoit du droit des gens, qui veut qu'une société, même imparfaite, se conserve.

C'est un malheur du gouvernement, lorsque la magistrature se voit contrainte de faire ainsi des loix cruelles. C'est parce qu'on a rendu l'obéissance difficile, que l'on est obligé d'aggraver la peine de la désobéissance, ou de soupçonner la fidélité. Un législateur prudent prévient le malheur de devenir un législateur terrible. C'est parce que les esclaves ne purent avoir chez les Romains de confiance dans la loi, que la loi ne put avoir de confiance en eux.

# CHAPITRE XVII.

## Reglemens à faire entre le maître & les esclaves.

LE magistrat doit veiller à ce que l'esclave ait sa nourriture & son vêtement : cela doit être réglé par la loi.

Les loix doivent avoir attention qu'ils soient soignés dans leurs maladies & dans leur vieillesse. Claude (a) ordonna que les esclaves qui auroient été abandonnés par leurs maîtres étant malades, seroient libres s'ils échappoient. Cette loi assuroit leur liberté ; il auroit encore fallu assurer leur vie.

Quand la loi permet au maître d'ôter la vie à son esclave, c'est un droit qu'il doit exercer comme juge, & non pas comme maître : il faut que la loi ordonne des formalités, qui ôtent le soupçon d'une action violente.

Lorsqu'à Rome il ne fut plus permis aux peres de faire mourir leurs enfans, les magistrats infligerent (b) la peine que le pere vouloit prescrire. Un usage pa-

(a) Xiphilin, in Claudio.
(b) Voyez la loi III au code de patriâ potestate, qui est de l'empereur Alexandre.

reil entre le maître & les efclaves feroit
raifonnable dans les pays où les maîtres
ont droit de vie & de mort.

La loi de Moïfe étoit bien rude. » Si
» quelqu'un frappe fon efclave, & qu'il
» meure fous fa main, il fera puni : mais
» s'il furvit un jour ou deux, il ne le fera
» pas, parce que c'eft fon argent. « Quel
peuple, que celui où il falloit que la loi
civile fe relâchât de la loi naturelle !

Par une loi des Grecs (a), les efclaves
trop rudement traités par leurs maîtres
pouvoient demander d'être vendus à un
autre. Dans les derniers temps, il y eut à
Rome une pareille loi (b). Un maître
irrité contre fon efclave, & un efclave
irrité contre fon maître, doivent être féparés.

Quand un citoyen maltraite l'efclave
d'un autre, il faut que celui-ci puiffe aller devant le juge. Les (c) loix de Platon
& de la plupart des peuples ôtent aux
efclaves la défenfe naturelle : il faut donc
leur donner la défenfe civile.

A Lacédémone, les efclaves ne pouvoient avoir aucune juftice contre les
infultes ni contre les injures. L'excès

(a) Plutarque, de la fuperftition.
(b) Voyez la conftitution d'Antonin Pie; Inftituti-
liv. I, tit. 7.
(c) Liv. IX,.

de leur malheur étoit tel, qu'ils n'étoient pas seulement esclaves d'un citoyen, mais encore du public ; ils appartenoient à tous & à un seul. A Rome, dans le tort fait à un esclave, on ne considéroit que (*a*) l'intérêt du maître. On confondoit sous l'action de la loi Aquilienne la blessure faite à une bête, & celle faite à un esclave ; on n'avoit attention qu'à la diminution de leur prix : A Athènes (*b*), on punissoit sévérement, quelquefois même de mort, celui qui avoit maltraité l'esclave d'un autre. La loi d'Athènes, avec raison, ne vouloit point ajouter la perte de la sûreté à celle de la liberté.

(*a*) Ce fut encore souvent l'esprit des loix des peuples qui sortirent de la Germanie, comme on le peut voir dans leurs codes.

(*b*) Démosthènes, *orat. contrà Mediam*, p. 610, édition de Francfort, de l'an 1604.

## CHAPITRE XVIII.
### Des affranchissemens.

ON sent bien que quand, dans le gouvernement républicain, on a beaucoup d'esclaves, il faut en affranchir beaucoup. Le mal est que, si on a trop d'esclaves, ils ne peuvent être contenus ; si l'on a trop d'affranchis, ils ne peuvent pas vivre, & ils deviennent à charge à la république : outre que celle-ci peut être également en danger de la part d'un trop grand nombre d'affranchis & de la part d'un trop grand nombre d'efclaves. Il faut donc que les loix aient l'œil fur ces deux inconvéniens.

Les diverfes loix & les fénatus-confultes qu'on fit à Rome pour & contre les efclaves, tantôt pour gêner, tantôt pour faciliter les affranchiffemens, font bien voir l'embarras où l'on fe trouvoit à cet égard. Il y eut même des temps où l'on n'ofa pas faire des loix. Lorfque fous Néron ( *a* ) on demanda au fénat qu'il fût permis aux patrons de remettre en fervitude les affranchis ingrats, l'empereur écrivit qu'il falloit juger les affaires particulieres, & ne rien ftatuer de général.

Je ne fçaurois guere dire quels font les réglemens qu'une bonne république doit faire là-deffus ; cela dépend trop des circonftances. Voici quelques réflexions.

Il ne faut pas faire tout-à-coup & par une loi générale un nombre confidéra-

(*a*) Tacite, *annal.* liv. XIII.

ble d'affranchissemens. On sçait que
chez les Volsiniens (a) les affranchis devenus maîtres des suffrages, firent une
abominable loi, qui leur donnoit le
droit de coucher les premiers avec les
filles qui se marioient à des ingénus.

Il y a diverses manieres d'introduire
insensiblement de nouveaux citoyens
dans la république. Les loix peuvent fa-
voriser le pécule, & mettre les esclaves
en état d'acheter leur liberté ; elles peuvent donner un terme à la servitude,
comme celles de Moïse, qui avoient
borné à six ans celle des esclaves Hé-
breux (b). Il est aisé d'affranchir toutes
les années un certain nombre d'esclaves,
parmi ceux qui, par leur âge, leur santé, leur industrie, auront le moyen de
vivre. On peut même guérir le mal
dans sa racine : comme le grand nombre d'esclaves est lié aux divers emplois
qu'on leur donne ; transporter aux ingénus une partie de ces emplois, par
exemple, le commerce ou la navigation,
c'est diminuer le nombre des esclaves.

Lorsqu'il y a beaucoup d'affranchis,

(a) Supplément de *Freinshemius*, deuxiéme décade, liv. V.
(b) Exod. ch. XXI.

il faut que les loix civiles fixent ce qu'ils
doivent à leur patron, ou que le contrat
d'affranchiſſement fixe ces devoirs pour
elles.

On ſent que leur condition doit être
plus favoriſée dans l'état civil que dans
l'état politique; parce que, dans le gouvernement même populaire, la puiſſance ne doit point tomber entre les mains
du bas peuple.

A Rome, où il y avoit tant d'affranchis, les loix politiques furent admirables à leur égard. On leur donna peu, &
on ne les exclut preſque de rien; ils eurent bien quelque part à la légiſlation,
mais ils n'influoient preſque point dans
les réſolutions qu'on pouvoit prendre.
Ils pouvoient avoir part aux charges &
au ſacerdoce même (a); mais ce privilége étoit en quelque façon rendu vain
par les déſavantages qu'ils avoient dans
les élections. Ils avoient droit d'entrer
dans la milice; mais, pour être ſoldat, il
falloit un certain cens. Rien n'empêchoit les affranchis (b) de s'unir par mariage avec les familles ingénues; mais il
ne leur étoit pas permis de s'allier avec

(a) Tacite, annal. liv. III.
(b) Harangue d'Auguſte, dans Dion, liv. LVI.

celles des sénateurs. Enfin, leurs enfans étoient ingénus, quoiqu'ils ne le fussent pas eux-mêmes.

## CHAPITRE XIX.

### Des affranchis & des eunuques.

AINSI, dans le gouvernement de plusieurs, il est souvent utile que la condition des affranchis soit peu au-dessous de celle des ingénus, & que les loix travaillent à leur ôter le dégoût de leur condition. Mais dans le gouvernement d'un seul, lorsque le luxe & le pouvoir arbitraire regnent, on n'a rien à faire à cet égard. Les affranchis se trouvent presque toujours au-dessus des hommes libres. Ils dominent à la cour du prince & dans les palais des grands: & comme ils ont étudié les foiblesses de leur maître & non pas ses vertus, ils le font regner, non pas par ses vertus, mais par ses foiblesses. Tels étoient à Rome les affranchis du temps des empereurs.

Lorsque les principaux esclaves sont eunuques, quelque privilége qu'on leur accorde, on ne peut guere les regarder comme des affranchis. Car comme ils

ne peuvent avoir de famille, ils font par
leur nature attachés à une famille ; &
ce n'eſt que par une eſpéce de fiction
qu'on peut les conſidérer comme citoyens.

Cependant, il y a des pays où on leur
donne toutes les magiſtratures : » Au
» Tonquin (a), dit Dampierre (b), tous
» les mandarins civils & militaires ſont
» eunuques. « Ils n'ont point de famille ;
& quoiqu'ils ſoient naturellement ava-
res, le maître ou le prince profitent à
la fin de leur avarice même.

Le même Dampierre (c) nous dit que,
dans ce pays, les eunuques ne peuvent ſe paſſer de femmes, & qu'ils ſe
marient. La loi qui leur permet le mariage, ne peut être fondée, d'un côté,
que ſur la conſidération que l'on y a pour
de pareilles gens ; & de l'autre, ſur le
mépris qu'on y a pour les femmes.

Ainſi l'on confie à ces gens-là les magiſtratures, parce qu'ils n'ont point de
famille : & d'un autre côté, on leur per-

---

(a) C'étoit autrefois de même à la Chine. Les deux
Arabes Mahométans qui y voyagerent au neuvième
ſiécle, diſent l'eunuque, quand ils veulent parler du
gouverneur d'une ville.
(b) Tome III, p. 91.
(c) Tome III, p. 94.

met de fe marier, parce qu'ils ont les magiftratures.

C'eft pour lors que les fens qui reftent, veulent obftinément fuppléer à ceux que l'on a perdus; & que les entreprifes du défefpoir font une efpece de jouiffance. Ainfi, dans Milton, cet efprit à qui il ne refte que des defirs, pénétré de fa dégradation, veut faire ufage de fon impuiffance même.

On voit dans l'hiftoire de la Chine un grand nombre de loix pour ôter aux eunuques tous les emplois civils & militaires : mais ils reviennent toujours. Il femble que les eunuques, en orient, foient un mal néceffaire.

# LIVRE XVI.

*Comment les loix de l'esclavage domestique ont du rapport avec la nature du climat.*

## CHAPITRE PREMIER.

### *De la servitude domestique.*

LES esclaves sont plutôt établis pour la famille, qu'ils ne sont dans la famille. Ainsi je distinguerai leur servitude de celle où sont les femmes dans quelques pays, & que j'appellerai proprement la servitude domestique.

## CHAPITRE II.

### *Que dans les pays du midi il y a dans les deux sexes une inégalité naturelle.*

LES femmes sont nubiles (*a*) dans les climats chauds à huit, neuf & dix ans:

(*a*) Mahomet épousa Cadhisja à cinq ans, coucha avec elle à huit. Dans les pays chauds d'Arabie & des Indes, les filles y sont nubiles à huit ans, & accouchent l'année d'après. *Prideaux*, vie de Mahomet.

ainsi

ainſi l'enfance & le mariage y vont preſque toujours enſemble. Elles ſont vieil-
les à vingt : la raiſon ne ſe trouve donc
jamais chez elles avec la beauté. Quand
la beauté demande l'empire , la raiſon
le fait refuſer ; quand la raiſon pourroit
l'obtenir , la beauté n'eſt plus. Les femmes doivent être dans la dépendance :
car la raiſon ne peut leur procurer dans
leur vieilleſſe un empire que la beauté ne
leur avoit pas donné dans la jeuneſſe
même. Il eſt donc très-ſimple qu'un
homme , lorſque la religion ne s'y op-
poſe pas , quitte ſa femme pour en prendre une autre , & que la polygamie s'in-
troduiſe.

Dans les pays tempérés, où les agrémens des femmes ſe conſervent mieux ,
où elles ſont plus tard nubiles , & où elles ont des enfans dans un âge plus avancé, la vieilleſſe de leur mari ſuit en quelque façon la leur : & comme elles y ont
plus de raiſon & de connoiſſances quand
elles ſe marient, ne fût-ce que parce
qu'elles ont plus longtemps vêcu, il a
dû naturellement s'introduire une eſpece

On voit des femmes, dans les royaumes d'*Alger*, en-
fanter à neuf, dix & onze ans. *Logier de Taſſis*, hiſtoire du royaume d'Alger, p. 61.

*Tome II.* E

d'égalité dans les deux fexes, & par conféquent la loi d'une feule femme.

Dans les pays froids, l'ufage prefque néceffaire des boiffons fortes établit l'intempérance parmi les hommes. Les femmes, qui ont à cet égard une retenue naturelle, parce qu'elles ont toujours à fe défendre, ont donc encore l'avantage de la raifon fur eux.

La nature, qui a diftingué les hommes par la force & par la raifon, n'a mis à leur pouvoir de terme que celui de cette force & de cette raifon. Elle a donné aux femmes les agrémens, & a voulu que leur afcendant finît avec ces agrémens : Mais, dans les pays chauds, ils ne fe trouvent que dans les commencemens, & jamais dans le cours de leur vie.

Ainfi la loi qui ne permet qu'une femme fe rapporte plus au phyfique du climat de l'Europe, qu'au phyfique du climat de l'Afie. C'eft une des raifons qui a fait que le Mahométifme a trouvé tant de facilité à s'établir en Afie, & tant de difficulté à s'étendre en Europe ; que le Chriftianifme s'eft maintenu en Europe, & a été détruit en Afie ; & qu'enfin les Mahométans font tant de progrès à la Chine, & les Chrétiens fi peu. Les rai-

ſons humaines ſont toujours ſubordon-
nées à cette cauſe ſuprême, qui fait tout
ce qu'elle veut, & ſe ſert de tout ce
qu'elle veut.

Quelques raiſons, particulieres à Valentinien (a), lui firent permettre la polygamie dans l'empire. Cette loi, violente pour nos climats, fut ôtée (b) par
Théodoſe, Arcadius & Honorius.

(a) Voyez Jornandes de regno & tempor. ſucceſ. &
les hiſtoriens eccléſiaſtiques.
(b) Voyez la loi VII, au code de Judæis & cœlico-
lis; & la novelle 18, ch. V.

---

# CHAPITRE III.

*Que la pluralité des femmes dépend beau-
coup de leur entretien.*

QUOIQUE, dans les pays où la polygamie eſt une fois établie, le grand
nombre des femmes dépende beaucoup des richeſſes du mari; cependant
on ne peut pas dire que ce ſoient les richeſſes qui faſſent établir dans un état
la polygamie : la pauvreté peut faire le
même effet, comme je le dirai en parlant des Sauvages.

La polygamie eſt moins un luxe, que
l'occaſion d'un grand luxe chez des na-

tions puiffantes. Dans les climats chauds, on a moins de befoins (a) : il en coûte moins pour entretenir une femme & des enfans. On y peut donc avoir un plus grand nombre de femmes.

(a) A Ceylan, un homme vit pour dix fols par mois ; on n'y mange que du riz & du poiffon. *Recueil des voyages qui ont fervi à l'établiffement de la compagnie des Indes*, tom. II, part. I.

## CHAPITRE IV.

### *De la polygamie. Ses diverfes circonf-tances.*

Suivant les calculs que l'on fait en divers endroits de l'Europe, il y naît plus de garçons que de filles ( *a* ) : au contraire, les relations de l'Afie ( *b* ) & de l'Afrique (c) nous difent qu'il y naît beaucoup plus de filles que de garçons. La loi d'une feule femme en Europe, & celle qui en permet plufieurs en Afie &

(a) M. *Arbutnot* trouve qu'en Angleterre le nombre des garçons excéde celui des filles : on a eu tort d'en conclure que ce fût la même chofe dans tous les climats.

(b) Voyez *Kempfer*, qui nous rapporte un dénombrement de *Meaco*, où l'on trouve 182072 mâles, & 223573 femelles.

(c) Voyez le voyage de Guinée de M. *Smith*, partie feconde, fur le pays d'Anté.

en Afrique, ont donc un certain rapport au climat.

Dans les climats froids de l'Asie, il naît, comme en Europe, plus de garçons que de filles. C'est, disent les Lamas (a) la raison de la loi qui, chez eux, permet à une femme d'avoir plusieurs maris (b),

Mais je ne crois pas qu'il y ait beaucoup de pays où la disproportion soit assez grande, pour qu'elle exige qu'on y introduise la loi de plusieurs femmes ou la loi de plusieurs maris. Cela veut dire seulement que la pluralité des femmes, ou même la pluralité des hommes, s'éloigne moins de la nature dans de certains pays que dans d'autres.

J'avoue que si ce que les relations nous disent étoit vrai, qu'à Bantam (c) il y a dix femmes pour un homme, ce seroit un cas bien particulier de la polygamie.

Dans tout ceci, je ne justifie pas les usages; mais j'en rends les raisons.

(a) *Du Halde*, Mémoires de la Chine, tom. IV. p. 46.

(b) Albuzeït-el-haffen, un des deux mahométans Arabes qui allerent aux Indes & à la Chine au neuviéme siécle, prend cet usage pour une prostitution. C'est que rien ne choquoit tant les idées Mahométanes.

(c) Recueil des voyages qui ont servi à l'établissement de la compagnie des Indes, tom. I.

E iij

# CHAPITRE V.

*Raison d'une loi du Malabar.*

SUR la côte du Malabar, dans la caste des *Naïres* (a), les hommes ne peuvent avoir qu'une femme, & une femme au contraire peut avoir plusieurs maris. Je crois qu'on peut découvrir l'origine de cette coutume. Les Naïres font la caste des nobles, qui font les soldats de toutes ces nations. En Europe, on empêche les soldats de se marier : dans le Malabar, où le climat exige davantage, on s'est contenté de leur rendre le mariage aussi peu embarrassant qu'il est possible : on a donné une femme à plusieurs hommes ; ce qui diminue d'autant l'attachement pour une famille & les soins du ménage, & laisse à ces gens l'esprit militaire.

(a) Voyage de *François Pyrard*, ch. XXVII. Lettres édifiantes, troisième & dixième recueil sur le Malléami dans la côte du Malabar. Cela est regardé comme un abus de la profession militaire : & comme dit *Pyrard*, une femme de la caste des Bramines n'épouseroit jamais plusieurs maris.

## CHAPITRE VI.

*De la polygamie en elle-même.*

A REGARDER la polygamie en général, indépendamment des circonstances qui peuvent la faire un peu tolérer, elle n'est point utile au genre humain, ni à aucun des deux sexes, soit à celui qui abuse, soit à celui dont on abuse. Elle n'est pas non plus utile aux enfans; & un de ses grands inconvéniens, est que le pere & la mere ne peuvent avoir la même affection pour leurs enfans; un pere ne peut pas aimer vingt enfans, comme une mere en aime deux. C'est bien pis, quand une femme a plusieurs maris; car, pour lors, l'amour paternel ne tient plus qu'à cette opinion, qu'un pere peut croire, s'il veut, ou que les autres peuvent croire, que de certains enfans lui appartiennent.

On dit que le roi de Maroc a dans son serrail des femmes blanches, des femmes noires, des femmes jaunes. Le malheureux! à peine a-t'il besoin d'une couleur.

La poffeffion de beaucoup de femmes ne prévient pas toujours les defirs (a) pour celle d'un autre ; il en eft de la luxure comme de l'avarice, elle augmente fa foif par l'acquifition des tréfors.

Du temps de Juftinien, plufieurs philofophes gênés par le Chriftianifme, fe retirerent en Perfe auprès de Cofroës. Ce qui les frappa le plus, dit *Agathias* (b), ce fut que la polygamie étoit permife à des gens qui ne s'abftenoient pas même de l'adultere.

La pluralité des femmes, qui le diroit ! mene à cet amour que la nature défavoue : c'eft qu'une diffolution en entraîne toujours une autre. A la révolution qui arriva à Conftantinople, lorfqu'on dépofa le fultan Achmet, les relations difoient que le peuple ayant pillé la maifon du chiaya, on n'y avoit pas trouvé une feule femme. On dit qu'à Alger ( c ) on eft parvenu à ce point, qu'on n'en a pas dans la plupart des ferrails.

(a) C'eft ce qui fait que l'on cache avec tant de foin les femmes en orient.
(b) *De la vie & des actions de Juftinien*, p. 403.
(c) *Logier de Taffis*, Hiftoire d'Alger.

## CHAPITRE VII.

*De l'égalité du traitement dans le cas de la pluralité des femmes.*

DE la loi de la pluralité des femmes, suit celle de l'égalité du traitement. Mahomet, qui en permet quatre, veut que tout soit égal entr'elles ; nourriture, habits, devoir conjugal. Cette loi est aussi établie aux Maldives (*a*), où on peut épouser trois femmes.

La loi de Moïse (*b*) veut même que si quelqu'un a marié son fils à une esclave, & qu'ensuite il épouse une femme libre, il ne lui ôte rien des vêtemens, de la nourriture, & des devoirs. On pouvoit donner plus à la nouvelle épouse ; mais il falloit que la premiere n'eût pas moins.

(*a*) Voyages de *François Pyrard*, ch. XII.
(*b*) Exod. ch. XXI, verf. 10. & 11.

E v

# CHAPITRE VIII.

## De la féparation des femmes d'avec les hommes.

C'EST une conféquence de la poly-gamie, que, dans les nations voluptueu-fes & riches, on ait un très-grand nom-bre de femmes. Leur féparation d'avec les hommes, & leur clôture, fuivent na-turellement de ce grand nombre. L'or-dre domeftique le demande ainfi ; un débiteur infolvable cherche à fe met-tre à couvert des pourfuites de fes créanciers. Il y a de tels climats où le phyfique a une telle force, que la mo-rale n'y peut prefque rien. Laiffez un homme avec une femme ; les tentations feront des chûtes, l'attaque fûre, la ré-fiftance nulle. Dans ces pays, au lieu de préceptes, il faut des verroux.

Un livre claffique ( a ) de la Chine, regarde comme un prodige de vertu, de fe trouver feul dans un appartement

_____

(a) » Trouver à l'écart un tréfor dont on foit le » maître ; ou une belle femme feule dans un apparte-» ment reculé ; entendre la voix de fon ennemi qui va » périr, fi on ne le fecourt : admirable pierre de tou-» che. « Traduction d'un ouvrage Chinois fur la mo-rale, dans le P. du Halde, tom. III, p. 151.

reculé avec une femme , fans lui faire violence.

---

# CHAPITRE IX.

*Liaifon du gouvernement domeftique avec le politique.*

DANS une république , la condition des citoyens eft bornée , égale , douce , modérée ; tout s'y reffent de la liberté publique. L'empire fur les femmes n'y pourroit pas être fi bien exercé ; & lorfque le climat a demandé cet empire , le gouvernement d'un feul a été le plus convenable. Voilà une des raifons qui a fait que le gouvernement populaire a toujours été difficile à établir en orient.

Au contraire, la fervitude des femmes eft très-conforme au génie du gouvernement defpotique , qui aime à abufer de tout. Auffi a-t'on vu dans tous les temps, en Afie , marcher d'un pas égal la fervitude domeftique & le gouvernement defpotique.

Dans un gouvernement où l'on demande furtout la tranquillité , & où la fubordination extrême s'appelle la paix ,

E vj

il faut enfermer les femmes ; leurs intri-
gues feroient fatales au mari. Un gouvernement qui n'a pas le temps d'examiner la conduite des fujets, la tient
pour fufpecte, par cela feul qu'elle paroît & qu'elle fe fait fentir.

Suppofons un moment que la légéreté d'efprit & les indifcrétions, les
goûts & les dégoûts de nos femmes,
leurs paffions grandes & petites, fe
trouvaffent tranfportées dans un gouvernement d'orient, dans l'activité &
dans cette liberté où elles font parmi
nous ; quel eft le pere de famille qui
pourroit être un moment tranquille ?
Partout des gens fufpects, partout des
ennemis ; l'état feroit ébranlé, on verroit couler des flots de fang.

## CHAPITRE X.

### Principe de la morale de l'orient.

DANS le cas de la multiplicité des
femmes, plus la famille ceffe d'être
une, plus les loix doivent réunir à un
centre ces parties détachées ; & plus les
intérêts font divers, plus il eft bon que
les loix les ramenent à un intérêt.

Cela se fait surtout par la clôture. Les femmes ne doivent pas seulement être séparées des hommes par la clôture de la maison ; mais elles en doivent encore être séparées dans cette même clôture, ensorte qu'elles y fassent comme une famille particuliere dans la famille. De-là dérive pour les femmes toute la pratique de la morale, la pudeur, la chasteté, la retenue, le silence, la paix, la dépendance, le respect, l'amour ; enfin une direction générale de sentimens à la chose du monde la meilleure par sa nature, qui est l'attachement unique à sa famille.

Les femmes ont naturellement à remplir tant de devoirs qui leur sont propres, qu'on ne peut assez les séparer de tout ce qui pourroit leur donner d'autres idées, de tout ce qu'on traite d'amusemens, & de tout ce qu'on appelle des affaires.

On trouve des mœurs plus pures dans les divers états d'orient, à proportion que la clôture des femmes y est plus exacte. Dans les grands états, il y a nécessairement des grands seigneurs. Plus ils ont de grands moyens, plus ils sont en état de tenir les femmes dans une

exacte clôture , & de les empêcher de
rentrer dans la fociété. C'eft pour cela
que , dans les empires du Turc, de Perfe , du Mogol, de la Chine & du Japon , les mœurs des femmes font admirables.

On ne peut pas dire la même chofe
des Indes , que le nombre infini d'ifles ,
& la fituation du terrein , ont divifées
en une infinité de petits états , que le
grand nombre des caufes que je n'ai pas
le temps de rapporter ici rendent defpotiques.

Là , il n'y a que des miférables qui
pillent , & des miférables qui font pillés.
Ceux qu'on appelle des grands , n'ont
que de très-petits moyens ; ceux que
l'on appelle des gens riches , n'ont guere
que leur fubfiftance. La clôture des femmes n'y peut être auffi exacte , l'on n'y
peut pas prendre d'auffi grandes précautions pour les contenir ; la corrup-
tion de leurs mœurs y eft inconcevable.

C'eft là qu'on voit jufqu'à quel point
les vices du climat, laiflés dans une grande liberté , peuvent porter le défordre.
C'eft là que la nature a une force, & la
pudeur une foibleffe qu'on ne peut com-

prendre. A Patane (*a*), la lubricité (*b*) des femmes est si grande, que les hommes.font contraints de se faire de certaines garnitures pour se mettre à l'abri de leurs entreprises. Selon M. Smith (*c*), les choses ne vont pas mieux dans les petits royaumes de Guinée. Il semble que dans ces pays-là, les deux sexes perdent jusqu'à leurs propres loix.

(*a*) Recueil des voyages qui ont servi à l'établissement de la compagnie des Indes, tom. II, partie II, p. 196.

(*b*) Aux Maldives, les peres marient les filles à dix & onze ans ; parce que c'est un grand péché, disent-ils, de laisser endurer nécessité d'hommes. Voyages de *François Pyrard*, ch. XII. A Bantam, si-tôt qu'une fille a treize ou quatorze ans, il faut la marier, si l'on ne veut qu'elle mene une vie débordée. *Recueil des voyages qui ont servi à l'établissement de la compagnie des Indes*, p. 348.

(*c*) Voyage de Guinée, seconde partie, p. 192 de la traduction. » Quand les femmes, *dit-il*, rencontrent un homme, elles le saisissent, & le menacent de le dénoncer à leur mari, s'il les méprise. Elles se glissent dans le lit d'un homme, elles le réveillent ; & s'il les refuse, elles le menacent de se laisser prendre sur le fait. «

## CHAPITRE XI.

### De la servitude domestique, indépendante de la polygamie.

CE n'est pas seulement la pluralité des femmes qui exige leur clôture dans de certains lieux d'orient ; c'est le climat. Ceux qui liront les horreurs, les crimes, les perfidies, les noirceurs, les poisons, les assassinats, que la liberté des femmes fait faire à Goa, & dans les établissemens des Portugais dans les Indes où la religion ne permet qu'une femme, & qui les compareront à l'innocence & à la pureté des mœurs des femmes de Turquie, de Perse, du Mogol, de la Chine & du Japon, verront bien qu'il est souvent aussi nécessaire de les séparer des hommes, lorsqu'on n'en a qu'une, que quand on a plusieurs.

C'est le climat qui doit décider de ces choses. Que serviroit d'enfermer les femmes dans nos pays du nord, où leurs mœurs sont naturellement bonnes ; où toutes leurs passions sont calmes, peu actives, peu rafinées ; où l'amour a sur le cœur un empire si réglé, que la moindre police fuffit pour les conduire?

Il eſt heureux de vivre dans ces climats qui permettent qu'on ſe communique ; où le ſexe qui a le plus d'agrémens , ſemble parer la ſociété ; & où les femmes ſe réſervant aux plaiſirs d'un ſeul, ſervent encore à l'amuſement de tous.

## CHAPITRE XII.
### *De la pudeur naturelle.*

Toutes les nations ſe font également accordées à attacher du mépris à l'incontinence des femmes : c'eſt que la nature a parlé à toutes les nations. Elle a établi la défenſe , elle a établi l'attaque ; & ayant mis des deux côtés des deſirs, elle a placé dans l'un la témérité , & dans l'autre la honte. Elle a donné aux individus pour ſe conſerver de longs eſpaces de temps , & ne leur a donné pour ſe perpétuer que des momens.

Il n'eſt donc pas vrai que l'incontinence ſuive les loix de la nature ; elle les viole au contraire. C'eſt la modeſtie & la retenue qui ſuivent ces loix.

D'ailleurs, il est de la nature des êtres intelligens de sentir leurs imperfections : la nature a donc mis en nous la pudeur, c'est-à-dire, la honte de nos imperfections.

Quand donc la puissance physique de certains climats viole la loi naturelle des deux sexes & celle des êtres intelligens, c'est au législateur à faire des loix civiles qui forcent la nature du climat & rétablissent les loix primitives.

# CHAPITRE XIII.
## De la jalousie.

I L faut bien distinguer chez les peuples la jalousie de passion d'avec la jalousie de coutume, de mœurs, de loix. L'une est une fiévre ardente qui dévore; l'autre froide, mais quelquefois terrible, peut s'allier avec l'indifférence & le mépris.

L'une, qui est un abus de l'amour, tire sa naissance de l'amour même. L'autre tient uniquement aux mœurs, aux manieres de la nation, aux loix du pays, à la morale, & quelquefois même à la religion (a).

(a) Mahomet recommanda à ses sectateurs, de

Elle est presque toujours l'effet de la force physique du climat, & elle est le reméde de cette force physique.

garder leurs femmes : un certain *imān* dit en mourant la même chose; & *Confucius* n'a pas moins prêché cette doctrine.

## CHAPITRE XIV.

*Du gouvernement de la maison en orient.*

ON change si souvent de femmes en orient, qu'elles ne peuvent avoir le gouvernement domestique. On en charge donc les eunuques, on leur remet toutes les clefs, & ils ont la disposition des affaires de la maison. » En Perse, dit M. *Chardin*, on donne aux femmes leurs habits, comme on feroit à des enfans. « Ainsi ce soin qui semble leur convenir si bien, ce soin qui, partout ailleurs, est le premier de leurs soins, ne les regarde pas.

# CHAPITRE XV.

## Du divorce & de la répudiation.

IL y a cette différence entre le divorce & la répudiation, que le divorce se fait par un consentement mutuel à l'occasion d'une incompatibilité mutuelle ; au lieu que la répudiation se fait par la volonté & pour l'avantage d'une des deux parties, indépendamment de la volonté & de l'avantage de l'autre.

Il est quelquefois si nécessaire aux femmes de répudier, & il leur est toujours si fâcheux de le faire, que la loi est dure, qui donne ce droit aux hommes, sans le donner aux femmes. Un mari est le maître de la maison ; il a mille moyens de tenir, ou de remettre ses femmes dans le devoir ; & il semble que, dans ses mains, la répudiation ne soit qu'un nouvel abus de sa puissance. Mais une femme qui répudie, n'exerce qu'un triste reméde. C'est toujours un grand malheur pour elle d'être contrainte d'aller chercher un second mari, lorsqu'elle a perdu la plupart de ses agrémens chez un autre. C'est un des avantages des charmes de la jeuneſſe dans les femmes, que, dans un âge avancé, un mari ſe porte à la bienveillance par le ſouvenir de ſes plaiſirs.

C'eſt donc une régle générale, que dans tous les pays où la loi accorde aux hommes la faculté de répudier, elle doit auſſi l'accorder aux femmes. Il y a plus : dans les climats où les femmes vivent ſous un eſclavage domeſtique, il ſemble que la loi doive permettre aux femmes la répudiation, & aux maris ſeulement le divorce.

Lorſque les femmes ſont dans un ſerrail, le mari ne peut répudier pour cauſe d'incompatibilité de mœurs : c'eſt la faute du mari, ſi les mœurs ſont incompatibles.

La répudiation pour raiſon de la ſtérilité de la femme, ne ſçauroit avoir lieu que dans le cas d'une femme unique ( *a* ) : lorſque l'on a pluſieurs femmes, cette raiſon n'eſt pour le mari d'aucune importance.

La loi des Maldives ( *b* ) permet de

_____

(*a*) Cela ne ſignifie-pas que la répudiation pour raiſon de la ſtérilité, ſoit permiſe dans le Chriſtianiſme.

(*b*) Voyage de *François Pyrard*. On la reprend plutôt qu'une autre ; parce que, dans ce cas, il faut moins de dépenſes.

reprendre une femme qu'on a répudiée.
La loi du Mexique ( *a* ) défendoit de se
réunir, fous peine de la vie. La loi du
Mexique étoit plus fenfée que celle des
Maldives ; dans le temps même de la
diffolution, elle fongeoit à l'éternité du
mariage : au lieu que la loi des Maldives femble fe jouer également du mariage & de la répudiation.

La loi du Mexique n'accordoit que
le divorce. C'étoit une nouvelle raifon
pour ne point permettre à des gens qui
s'étoient volontairement féparés , de
fe réunir. La répudiation femble plutôt
tenir à la promptitude de l'efprit , & à
quelque paffion de l'ame ; le divorce
femble être une affaire de confeil.

Le divorce a ordinairement une grande utilité politique ; & quant à l'utilité
civile, il eft établi pour le mari & pour
la femme , & n'eft pas toujours favorable aux enfans.

(*a*) Hiftoire de fa conquête, par *Solis*, p. 499.

# CHAPITRE XVI.

## De la répudiation & du divorce chez les Romains.

ROMULUS permit au mari de répudier sa femme, si elle avoit commis un adultere, préparé du poison, ou falsifié les clefs. Il ne donna point aux femmes le droit de répudier leur mari. Plutarque (*a*) appelle cette loi, une loi très-dure.

Comme la loi d'Athènes (*b*) donnoit à la femme, aussi-bien qu'au mari, la faculté de répudier ; & que l'on voit que les femmes obtinrent ce droit chez les premiers Romains nonobstant la loi de Romulus ; il est clair que cette institution fut une de celles que les députés de Rome rapporterent d'Athènes, & qu'elle fut mise dans les loix des douze tables.

Cicéron (*c*) dit que les causes de répudiation venoient de la loi des douze tables. On ne peut donc pas douter que

(*a*) Vie de Romulus.
(*b*) C'étoit une loi de Solon.
(*c*) *Minam res suas sibi habere jussit, ex duodecim tabulis caussam addidit.* Philip. II.

cette loi n'eût augmenté le nombre des caufes de répudiation établies par Romulus.

La faculté du divorce fut encore une difpofition, ou du moins une conféquence de la loi des douze tables. Car, dès le moment que la femme ou le mari avoit féparément le droit de répudier, à plus forte raifon pouvoient-ils fe quitter de concert, & par une volonté mutuelle.

La loi ne demandoit point qu'on donnât des caufes pour le divorce (a). C'eft que, par la nature de la chofe, il faut des caufes pour la répudiation, & qu'il n'en faut point pour le divorce ; parce que là où la loi établit des caufes qui peuvent rompre le mariage, l'incompatibilité mutuelle eft la plus forte de toutes.

*Denys d'Halicarnaffe* (b), *Valere-Maxime* (c), & *Aulugelle* (d), rapportent un fait qui ne me paroît pas vraifemblable : ils difent que, quoiqu'on eût à Rome la faculté de répudier fa femme, on eut tant de refpect pour les aufpices, que perfonne, pendant cinq cent vingt

(a) Juftinien change cela, novel. 117, ch. X.
(b) Liv. II.
(c) Liv. II, ch. IV.
(d) Liv. IV, ch. III.

ans

ans (a), n'ufa de ce droit jufqu'à Carvilius Ruga, qui répudia la fienne pour
caufe de ftérilité. Mais il fuffit de connoître la nature de l'efprit humain, pour
fentir quel prodige ce feroit, que la loi
donnant à tout un peuple un droit pareil, perfonne n'en ufât. Coriolan partant pour fon exil, confeilla (b) à fa femme de fe marier à un homme plus heureux que lui. Nous venons de voir que
la loi des douze tables, & les mœurs des
Romains, étendirent beaucoup la loi de
Romulus. Pourquoi ces extenfions, fi
on n'avoit jamais fait ufage de la faculté
de répudier? De plus, fi les citoyens
eurent un tel refpect pour les aufpices,
qu'ils ne répudierent jamais, pourquoi
les légiflateurs de Rome en eurent-ils
moins? Comment la loi corrompit-elle
fans ceffe les mœurs?

En rapprochant deux paffages de *Plutarque*, on verra difparoître le merveilleux du fait en queftion. La loi roya-
le (c) permettoit au mari de répudier

(a) Selon Denys d'Halicarnaffe & Valere-Maxime;
& 523, felon Aulugelle. Auffi ne mettent-ils pas les
mêmes confuls.
(b) Voyez le difcours de *Véturie*, dans Denys
d'Halicarnaffe, liv. VIII.
(c) *Plutarque*, vie de Romulus.

dans les trois cas dont nous avons parlé.
» Et elle vouloit, dit Plutarque (*a*), que
» celui qui répudieroit dans d'autres cas,
» fût obligé de donner la moitié de ses
» biens à sa femme, & que l'autre moitié
» fût consacrée à Cérès. « On pouvoit
donc répudier dans tous les cas, en se
soumettant à la peine. Personne ne le fit
avant Carvilius Ruga (*b*), » qui, com-
» me dit encore Plutarque (*c*), répudia
» sa femme pour cause de stérilité, deux
» cent trente ans après Romulus « ; c'est-
à-dire, qu'il la répudia soixante & onze
ans avant la loi des douze tables, qui
étendit le pouvoir de répudier, & les
causes de répudiation.

Les auteurs que j'ai cités, disent que
Carvilius Ruga aimoit sa femme ; mais
qu'à cause de sa stérilité, les censeurs
lui firent faire serment qu'il la répudieroit, afin qu'il pût donner des enfans à
la république ; & que cela le rendît
odieux au peuple. Il faut connoître le génie du peuple Romain, pour découvrir la

(*a*) *Plutarque*, vie de Romulus.
(*b*) Effectivement, la cause de stérilité n'est point
portée par la loi de Romulus. Il y a apparence qu'il
ne fut point sujet à la confiscation, puisqu'il suivoit
l'ordre des censeurs.
(*c*) Dans la comparaison de Thésée & de Romulus.

vraie caufe de la haine qu'il conçut pour
Carvilius. Ce n'eſt point parce que Carvilius répudia ſa femme, qu'il tomba
dans la diſgrace du peuple : c'eſt une
choſe dont le peuple ne s'embarraſſoit
pas. Mais Carvilius avoit fait un ſerment
aux cenſeurs, qu'attendu la ſtérilité de
ſa femme, il la répudieroit pour donner
des enfans à la république. C'étoit un
joug que le peuple voyoit que les cenſeurs alloient mettre ſur lui. Je ferai voir
dans la ſuite (a) de cet ouvrage les ré-
pugnances qu'il eut toujours pour des
réglemens pareils. Mais d'où peut venir une telle contradiction entre ces auteurs ? Le voici : Plutarque a examiné
un fait, & les autres ont raconté une mer-
veille.

(a) Au liv. XXIII, ch. XXI.

✿✿✿✿✿✿✿✿✿✿✿✿

# LIVRE XVII.

*Comment les loix de la servitude politiqué ont du rapport avec la nature du climat.*

## CHAPITRE PREMIER.

### De la servitude politique.

LA servitude politique ne dépend pas moins de la nature du climat, que la civile & la domeſtique, comme on va le faire voir.

## CHAPITRE II.

### Différence des peuples par rapport au courage.

NOUS avons déja dit que la grande chaleur énervoit la force & le courage des hommes ; & qu'il y avoit dans les climats froids une certaine force de corps & d'eſprit, qui rendoit les hommes capables des actions longues, pénibles, grandes & hardies. Cela fe remarque non-feulement de nation à nation, mais encore dans le même pays d'une partie à une autre. Les peuples du nord de la Chine (*a*) font plus courageux que ceux du midi; les peuples du midi de la Corée (*b*) ne le font pas tant que ceux du nord.

Il ne faut donc pas être étonné que la lâcheté des peuples des climats chauds les ait prefque toujours rendus efclaves, & que le courage des peuples des climats froids les ait maintenus libres. C'eft un effet qui dérive de fa caufe naturelle.

Ceci s'eft encore trouvé vrai dans l'Amérique; les empires defpotiques du Mexique & du Pérou étoient vers la ligne, & prefque tous les petits peuples libres étoient & font encore vers les pôles.

(*a*) Le P. *du Halde*, tom. I, p. 112.
(*b*) Les livres Chinois le difent ainfi. Ibid. tom. IV, pag. 448.

# CHAPITRE III.

## Du climat de l'Asie.

LE S (*a*) relations nous disent » que le
» nord de l'Asie, ce vaste continent qui
» va du quarantiéme dégré ou environ
» jusques au pôle, & des frontieres de la
» Moscovie jusqu'à la mer orientale, est
» dans un climat très-froid : que ce terrein
» immense est divisé de l'ouest à l'est par
» une chaîne de montagnes, qui laissent
» au nord la Sibérie, & au midi la grande
» Tartarie : que le climat de la Sibérie est
» si froid, qu'à la réserve de quelques en-
» droits, elle ne peut être cultivée ; &
» que, quoique les Russes aient des établis-
» semens tout le long de l'Irtis, ils n'y
» cultivent rien ; qu'il ne vient dans ce
» pays que quelques petits sapins & ar-
» brisseaux ; que les naturels du pays sont
» divisés en de misérables peuplades, qui
» sont comme celles du Canada : Que la
» raison de cette froidure vient d'un côté
» de la hauteur du terrein ; & de l'autre,
» de ce qu'à mesure que l'on va du midi

(*c*) Voyez les voyages du nord, tom. VIII ; l'hist.
des Tartars ; & le quatriéme volume de la Chine du
P. du Halde.

au nord, les montagnes s'applaniffent; «
de forte que le vent de nord fouffle par- «
tout fans trouver d'obftacles : que ce «
vent qui rend la nouvelle Zemble inha- «
bitable, foufflant dans la Sibérie, la «
rend inculte. Qu'en Europe, au contrai- «
re, les montagnes de Norwege & de La- «
ponie font des boulevards admirables, «
qui couvrent de ce vent les pays du «
nord : que cela fait qu'à *Stockholm*, qui «
eft à cinquante-neuf dégrés de latitude «
ou environ, le terrein produit des fruits, «
des grains, des plantes ; & qu'autour «
d'*Abo*, qui eft au foixante-uniéme dé- «
gré, de même que vers les foixante- «
trois & foixante-quatre, il y a des mi- «
nes d'argent, & que le terrein eft affez «
fertile. «

Nous voyons encore dans les relations
» que la grande Tartarie, qui eft au mi- «
di de la Sibérie, eft auffi très-froide ; «
que le pays ne fe cultive point ; qu'on «
n'y trouve que des pâturages pour les «
troupeaux ; qu'il n'y croît point d'ar- «
bres, mais quelques brouffailles, comme «
en Iflande : Qu'il y a, auprès de la Chine «
& du Mogol, quelques pays où il croît «
une efpece de millet, mais que le bled «
ni le riz n'y peuvent mûrir : Qu'il n'y «

» a guere d'endroits dans la Tartarie Chi-
» noife, aux 43 , 44 & 45ᵐᵉ dégrés , où il
» ne gele fept ou huit mois de l'année ; de
» forte qu'elle eft auffi froide que l'Iflande,
» quoiqu'elle dût être plus chaude que le
» midi de la France ; qu'il n'y a point de
» villes , excepté quatre ou cinq vers la
» mer orientale , & quelques-unes que les
» Chinois , par des raifons de politique ,
» ont bâties près de la Chine ; que dans le
» refte de la grande Tartarie , il n'y en a
» que quelques-unes placées dans les Bou-
» charies , Turkeftan & Charifme : Que la
» raifon de cette extrême froidure vient
» de la nature du terrein nitreux , plein de
» falpêtre , & fabloneux , & de plus de la
» hauteur du terrein. Le P. *Verbieft* avoit
» trouvé qu'un certain endroit à 80 lieues
» au nord de la grande muraille , vers la
» fource de Kavamhuram , excédoit la
» hauteur du rivage de la mer près de
» Pekin de 3000 pas géométriques ; que
» cette hauteur (*a*) eft caufe que , quoique
» quafi toutes les grandes rivieres de
» l'Afie aient leur fource dans le pays , il
» manque cependant d'eau , de façon qu'il
» ne peut être habité qu'auprès des rivie-
» res & des lacs. «

(*a*) La Tartarie eft donc comme une efpece de
montagne platte.

Ces faits pofés , je raifonne ainfi :
L'Afie n'a point proprement de zône
tempérée ; & les lieux fitués dans un
climat très-froid , y touchent immédiatement ceux qui font dans un climat
très-chaud , c'eft-à-dire, la Turquie, la
Perfe, le Mogol, la Chine, la Corée,
& le Japon.

En Europe, au contraire, la zône tempérée eft très-étendue , quoiqu'elle foit
fituée dans des climats très - différens
entr'eux , n'y ayant point de rapport entre les climats d'Efpagne & d'Italie , &
ceux de Norwege & de Suede. Mais
comme le climat y devient infenfiblement froid en allant du midi au nord ,
à peu près à proportion de la latitude
de chaque pays; il y arrive que chaque
pays eft à peu près femblable à celui
qui en eft voifin ; qu'il n'y a pas une no-
table différence ; & que , comme je viens
de le dire , la zône tempérée y eft très-
étendue.

De-là il fuit qu'en Afie , les nations
font oppofées aux nations du fort au
foible ; les peuples guérriers , braves &
actifs touchent immédiatement des peuples efféminés , pareffeux , timides : il
faut donc que l'un foit conquis, & l'au-

F v

re conquérant. En Europe, au contraire, les nations font oppofées du fort au fort; celles qui fe touchent, ont à peu près le même courage. C'eft la grande raifon de la foibleffe de l'Afie & de la force de l'Europe, de la liberté de l'Europe & de la fervitude de l'Afie; caufe que je ne fçache pas que l'on ait encore re-marquée. C'eft ce qui fait qu'en Afie il n'arrive jamais que la liberté augmente; au lieu qu'en Europe elle augmente ou diminue, felon les circonftances.

Que la nobleffe Mofcovite ait été ré-duite en fervitude par un de fes princes, on y verra toujours des traits d'impa-tience que les climats du midi ne don-nent point. N'y avons-nous pas vu le gouvernement ariftocratique établi pendant quelques jours? Qu'un autre royaume du nord ait perdu fes loix, on peut s'en fier au climat, il ne les a pas perdues d'une maniere irrévocable.

# CHAPITRE IV.
## *Conséquence de ceci.*

CE que nous venons de dire, s'accorde avec les événemens de l'histoire. L'Asie a été subjuguée treize fois ; onze fois par les peuples du nord, deux fois par ceux du midi. Dans les temps reculés, les Scythes la conquirent trois fois ; ensuite les Médes & les Perses chacun une ; les Grecs, les Arabes, les Mogols, les Turcs, les Tartares, les Persans & les Aguans. Je ne parle que de la haute Asie, & je ne dis rien des invasions faites dans le reste du midi de cette partie du monde, qui a continuellement souffert de très-grandes révolutions.

En Europe, au contraire, nous ne connoissons, depuis l'établissement des colonies Grecques & Phéniciennes, que quatre grands changemens ; le premier causé par les conquêtes des Romains ; le second, par les inondations des barbares qui détruisirent ces mêmes Romains ; le troisiéme, par les victoires de Charlemagne ; & le dernier, par les invasions des Normands. Et si l'on examine bien ceci, on trouvera, dans ces changemens mêmes, une force générale répandue dans toutes les parties de l'Europe. On fçait la difficulté que les Romains trouverent à conquérir en Europe, & la facilité qu'ils eurent à envahir l'Afie. On connoît les peines que les peuples du nord eurent à renverfer l'empire Romain, les guerres & les travaux de Charlemagne, les diverfes entreprifes des Normands. Les deftructeurs étoient fans ceffe détruits.

## CHAPITRE V.

*Que quand les peuples du nord de l'Afie, & ceux du nord de l'Europe ont conquis, les effets de la conquête n'étoient pas les mêmes.*

LES peuples du nord de l'Europe l'ont conquife en hommes libres ; les peuples du nord de l'Afie l'ont conquife en efclaves, & n'ont vaincu que pour un maître.

La raifon en eft, que le peuple Tartare, conquérant naturel de l'Afie, eft devenu efclave lui-même. Il conquiert fans ceffe dans le midi de l'Afie, il forme des empires ; mais la partie de la na-

tion qui reste dans le pays, se trouve
soumise à un grand maître, qui, despotique dans le midi, veut encore l'être
dans le nord ; & avec un pouvoir arbitraire sur les sujets conquis, le prétend
encore sur les sujets conquérans. Cela
se voit bien aujourd'hui dans ce vaste
pays qu'on appelle la Tartarie Chinoise, que l'empereur gouverne presque
aussi despotiquement que la Chine même, & qu'il étend tous les jours par ses
conquêtes.

On peut voir encore, dans l'histoire
de la Chine, que les empereurs (a) ont
envoyé des colonies Chinoises dans la
Tartarie. Ces Chinois sont devenus Tartares & mortels ennemis de la Chine :
mais cela n'empêche pas qu'ils n'aient
porté dans la Tartarie l'esprit du gouvernement Chinois.

Souvent une partie de la nation Tartare qui a conquis, est chassée elle-même ; & elle rapporte dans ses deserts un
esprit de servitude qu'elle a acquis dans
le climat de l'esclavage. L'histoire de la
Chine nous en fournit de grands exemples, & notre histoire ancienne aussi (b).

(a) Comme Ven-ti, cinquiéme empereur de la cinquiéme dynastie.
(b) Les Scythes conquirent trois fois l'Asie, & en
furent trois fois chassés. *Justin*, liv. II.

C'eſt ce qui a fait que le génie de la nation Tartare ou Gétique, a toujours été ſemblable à celui des empires de l'Aſie. Les peuples, dans ceux-ci, ſont gouvernés par le bâton ; les peuples Tartares, par les longs fouets. L'eſprit de l'Europe a toujours été contraire à ces mœurs : & dans tous les temps, ce que les peuples d'Aſie ont appellé punition, les peuples d'Europe l'ont appellé outrage (a).

Les Tartares détruiſant l'empire Grec, établirent dans les pays conquis la ſervitude & le deſpotiſme : les Goths conquérant l'empire Romain, fonderent partout la monarchie & la liberté.

Je ne ſçais ſi le fameux *Rudbeck*, qui dans ſon Atlantique a tant loué la Scandinavie, a parlé de cette grande prérogative qui doit mettre les nations qui l'habitent au-deſſus de tous les peuples du monde ; c'eſt qu'elles ont été la ſource de la liberté de l'Europe, c'eſt-à-dire, de preſque toute celle qui eſt aujourd'hui parmi les hommes.

(a) Ceci n'eſt point contraire à ce que je dirai au livre XXVIII, ch. XX, ſur la maniere de penſer des peuples Germains ſur le bâton : quelque inſtrument que ce fût, ils regarderent toujours comme un affront, le pouvoir ou l'action arbitraire de battre.

Le Goth *Jornandez* a appellé le nord de l'Europe la fabrique du genre humain (*a*). Je l'appellerai plutôt la fabrique des inftrumens qui brifent les fers forgés au midi. C'eft là que fe forment ces nations vaillantes, qui fortent de leur pays pour détruire les tyrans & les efclaves, & apprendre aux hommes que la nature les ayant faits égaux, la raifon n'a pu les rendre dépendans que pour leur bonheur.

(*a*) *Humani generis officinam.*

## CHAPITRE VI.

*Nouvelle caufe phyfique de la fervitude de l'Afie & de la liberté de l'Europe.*

En Afie, on a toujours vu de grands empires : en Europe, ils n'ont jamais pu fubfifter. C'eft que l'Afie que nous connoiffons a de plus grandes plaines ; elle eft coupée en plus grands morceaux par les mers ; & comme elle eft plus au midi, les fources y font plus aifément taries, les montagnes y font moins couvertes de neiges, & les fleuves ( *a* )

(*a*) Les eaux fe perdent ou s'évaporent avant de fe ramaffer, ou après s'être ramaffées.

moins groſſis y forment de moindres barrieres.

La puiſſance doit donc être toujours deſpotique en Aſie. Car ſi la ſervitude n'y étoit pas extrême, il ſe feroit d'abord un partage que la nature du pays ne peut pas ſouffrir.

En Europe, le partage naturel forme pluſieurs états d'une étendue médiocre, dans leſquels le gouvernement des loix n'eſt pas incompatible avec le maintien de l'état : au contraire, il y eſt ſi favorable, que ſans elles cet état tombe dans la décadence, & devient inférieur à tous les autres.

C'eſt ce qui y a formé un génie de liberté, qui rend chaque partie très-difficile à être ſubjugée & ſoumiſe à une force étrangere, autrement que par les loix & l'utilité de ſon commerce.

Au contraire, il regne en Aſie un eſprit de ſervitude qui ne l'a jamais quittée ; & dans toutes les hiſtoires de ce pays, il n'eſt pas poſſible de trouver un ſeul trait qui marque une ame libre : on n'y verra jamais que l'héroïſme de la ſervitude.

## CHAPITRE VII.

### De l'Afrique & de l'Amérique.

VOILA ce que je puis dire sur l'Asie & sur l'Europe. L'Afrique est dans un climat pareil à celui du midi de l'Asie, & elle est dans une même servitude. L'Amérique (a) détruite & nouvellement repeuplée par les nations de l'Europe & de l'Afrique, ne peut guere aujourd'hui montrer son propre génie : mais ce que nous sçavons de son ancienne histoire est très-conforme à nos principes.

(a) Les petits peuples barbares de l'Amérique sont appellés *Indios bravos*, par-les Espagnols : bien plus difficiles à soumettre, que les grands empires du Mexique & du Pérou.

## CHAPITRE VIII.

### De la capitale de l'empire.

UNE des conséquences de ce que nous venons de dire, c'est qu'il est important à un très-grand prince de bien choisir le siége de son empire. Celui qui le placera au midi courra risque de perdre le nord ;

& celui qui le placera au nord confer-
vera aifément le midi. Je ne parle pas des
cas particuliers : la méchanique a bien
fes frottèmens, qui fouvent changent ou
arrêtent les effets de la théorie : la politique a auffi les fiens.

❋❋ ❋❋❋❋❋❋❋ ❋❋❋❋❋❋❋❋❋

# L I V R E  X V I I I.

*Des loix, dans le rapport qu'elles ont avec la nature du terrein.*

## CHAPITRE PREMIER.

*Comment la nature du terrein influe sur les loix.*

L ᴀ bonté des terres d'un pays y éta-blit naturellement la dépendance. Les gens de la campagne, qui y font la prin-cipale partie du peuple, ne font pas fi jaloux de leur liberté ; ils font trop occu-pés & trop pleins de leurs affaires parti-culieres. Une campagne qui regorge de biens, craint le pillage, elle craint une armée. » Qui eft-ce qui forme le bon « parti, difoit Cicéron à Atticus (*a*) ? Se- « ront-ce les gens de commerce & de la « campagne ? à moins que nous n'imagi- « nions qu'ils font oppofés à la monar- « chie, eux à qui tous les gouvernemens « font égaux, dès lors qu'ils font tran- « quilles. «

(*a*) Lɪv. VII.

Ainſi le gouvernement d'un ſeul ſe trouve plus ſouvent dans les pays fertiles, & le gouvernement de pluſieurs dans les pays qui ne le ſont pas, ce qui eſt quelquefois un dédommagement.

La ſtérilité du terrein de l'Attique y établit le gouvernement populaire ; & la fertilité de celui de Lacédémone, le gouvernement ariſtocratique. Car, dans ces temps-là, on ne vouloit point dans la Grèce du gouvernement d'un ſeul : or le gouvernement ariſtocratique a plus de rapport avec le gouvernement d'un ſeul.

Plutarque (a) nous dit que la ſédition Cilonienne ayant été appaiſée à Athènes, la ville retomba dans ſes anciennes diſſenſions, & ſe diviſa en autant de partis qu'il y avoit de ſortes de territoires dans le pays de l'Attique. Les gens de la montagne vouloient à toute force le gouvernement populaire ; ceux de la plaine demandoient le gouvernement des principaux ; ceux qui étoient près de la mer, étoient pour un gouvernement mêlé des deux.

(a) Vie de Solon.

## CHAPITRE II.

### Continuation du même sujet.

CES pays fertiles font des plaines,
où l'on ne peut rien difputer au plus
fort : on fe foumet donc à lui ; & quand
on lui eft foumis, l'efprit de liberté n'y
fçauroit revenir ; les biens de la campagne font un gage de la fidélité. Mais dans
les pays de montagnes, on peut conferver ce que l'on a, & l'on a peu à conferver. La liberté, c'eft-à-dire le gouvernement dont on jouit, eft le feul bien
qui mérite qu'on le défende. Elle regne
donc plus dans les pays montagneux &
difficiles, que dans ceux que la nature
fembloit avoir plus favorifés.

Les montagnards confervent un gouvernement plus modéré, parce qu'ils ne
font pas fi fort expofés à la conquête.
Ils fe défendent aifément, ils font atta-
qués difficilement ; les munitions de
guerre & de bouche font affemblées &
portées contr'eux avec beaucoup de
dépenfe, le pays n'en fournit point. Il
eft donc plus difficile de leur faire la
guerre, plus dangereux de l'entrepren-

prendre ; & toutes les loix que l'on fait
pour la fureté du peuple y ont moins de
lieu.

## CHAPITRE III.

*Quels font les pays les plus cultivés.*

LES pays ne font pas cultivés en raifon de leur fertilité, mais en raifon de
leur liberté : & fi l'on divife la terre par
la penfée, on fera étonné de voir la plupart du temps des deferts dans fes parties les plus fertîles, & de grands peuples dans celles où le terrein femble re-
fufer tout.

Il eft naturel qu'un peuple quitte un
mauvais pays pour en chercher un meilleur, & non pas qu'il quitte un bon pays
pour en chercher un pire. La plupart des
invafions fe font donc dans les pays
que la nature avoit faits pour être heureux : & comme rien n'eft plus près de
la dévaftation que l'invafion, les meilleurs pays font le plus fouvent dépeuplés, tandis que l'affreux pays du nord
refte toujours habité, par la raifon qu'il
eft prefqu'inhabitable.

On voit, par ce que les hiftoriens nous

difent du paffage des peuples de la Scandinavie fur les bords du Danube, que
ce n'étoit point une conquête, mais feulement une tranfmigration dans des terres défertes.

Ces climats heureux avoient donc
été dépeuplés par d'autres tranfmigra-
tions, & nous ne fçavons pas les chofes
tragiques qui s'y font paffées.

» Il paroît par plufieurs monumens, dit «
Ariftote (a), que la Sardaigne eft une «
colonie Grecque. Elle étoit autrefois «
très-riche ; & Ariftée, dont on a tant «
vanté l'amour pour l'agriculture, lui «
donna des loix. Mais elle a bien déchu «
depuis ; car les Carthaginois s'en étant «
rendus les maîtres, ils y détruifirent «
tout ce qui pouvoit la rendre propre à «
la nourriture des hommes, & défendi- «
rent, fous peine de la vie, d'y cultiver «
la terre. « La Sardaigne n'étoit point
rétablie du temps d'Ariftote ; elle ne
l'eft point encore aujourd'hui.

Les parties les plus tempérées de la
Perfe, de la Turquie, de la Mofcovie
& de la Pologne, n'ont pu fe rétablir
des dévaftations des grands & des petits
Tartares.

(1) Ou celui qui a écrit le livre de *mirabilibus*.

## CHAPITRE IV.

### *Nouveaux effets de la fertilité & de la stérilité du pays.*

LA stérilité des terres rend les hommes industrieux, sobres, endurcis au travail, courageux, propres à la guerre; il faut bien qu'ils se procurent ce que le terrein leur refuse. La fertilité d'un pays donne, avec l'aisance, la mollesse & un certain amour pour la conservation de la vie.

On a remarqué que les troupes d'Allemagne levées dans des lieux où les paysans sont riches, comme en Saxe, ne sont pas si bonnes que les autres. Les loix militaires pourront pourvoir à cet inconvénient, par une plus sévere discipline.

## CHAPITRE V.

### *Des peuples des isles.*

LES peuples des isles sont plus portés à la liberté que les peuples du continent. Les isles sont ordinairement d'une petite

tite étendue (a); une partie du peuple ne peut pas être si bien employée à opprimer l'autre; la mer les sépare des grands empires, & la tyrannie ne peut pas s'y prêter la main; les conquérans sont arrêtés par la mer; les insulaires ne sont pas enveloppés dans la conquête, & ils conservent plus aisément leurs loix.

_(a) Le Japon déroge à ceci par sa grandeur & par sa servitude.

---

## CHAPITRE VI.

*Des pays formés par l'industrie des hommes.*

Lᴇs pays que l'industrie des hommes a rendus habitables, & qui ont besoin pour exister de la même industrie, appellent à eux le gouvernement modéré. Il y en a principalement trois de cette espece; les deux belles provinces de Kiang-nan & Tche-kiang à la Chine, l'Egypte, & la Hollande.

Les anciens empereurs de la Chine n'étoient point conquérans. La premiere chose qu'ils firent pour s'aggrandir, fut celle qui prouva le plus leur sagesse. On vit sortir de dessous les eaux les deux plus belles provinces de l'empire ; elles furent faites par les hommes. C'eſt la fertilité inexprimable de ces deux provinces, qui a donné à l'Europe les idées de la félicité de cette vaſte contrée. Mais un ſoin continuel & néceſſaire pour garantir de la deſtruction une partie ſi conſidérable de l'empire , demandoit plutôt les mœurs d'un peuple ſage , que celles d'un peuple voluptueux ; plutôt le pouvoir légitime d'un monarque , que la puiſſance tyrannique d'un deſpote. Il falloit que le pouvoir y fût modéré, comme il l'étoit autrefois en Egypte. Il falloit que le pouvoir y fût modéré , comme il l'eſt en Hollande , que la nature a faite pour avoir attention ſur elle-même, & non pas pour être abandonnée à la nonchalance ou au caprice.

Ainſi , malgré le climat de la Chine , où l'on eſt naturellement porté à l'obéiſſance ſervile , malgré les horreurs qui ſuivent la trop grande étendue d'un empire , les premiers légiſlateurs de la Chine furent obligés de faire de très-bonnes loix , & le gouvernement fut ſouvent obligé de les ſuivre.

## CHAPITRE VII.

### Des ouvrages des hommes.

LES hommes, par leurs foins & par de bonnes loix, ont rendu la terre plus propre à être leur demeure. Nous voyons couler les rivieres là où étoient des lacs & des marais : c'eft un bien que la nature n'a point fait, mais qui eft entretenu par la nature. Lorfque les Perfes (a) étoient les maîtres de l'Afie, ils permettoient à ceux qui ameneroient de l'eau de fontaine en quelque lieu qui n'auroit point été encore arrofé, d'en jouir pendant cinq générations ; & comme il fort quantité de ruiffeaux du mont Taurus, ils n'épargnerent aucune dépenfe pour en faire venir de l'eau. Aujourd'hui, fans fçavoir d'où elle peut venir, on la trouve dans fes champs & dans fes jardins.

Ainfi, comme les nations deftructrices font des maux qui durent plus qu'elles, il y a des nations induftrieufes qui font des biens qui ne finiffent pas même avec elles.

(a) Polybe, liv. X.

## CHAPITRE VIII.

### *Rapport général des loix.*

LES loix ont un très-grand rapport avec la façon dont les divers peuples se procurent la subsistance. Il faut un code de loix plus étendu pour un peuple qui s'attache au commerce & à la mer, que pour un peuple qui se contente de cultiver ses terres. Il en faut un plus grand pour celui-ci, que pour un peuple qui vit de ses troupeaux. Il en faut un plus grand pour ce dernier, que pour un peuple qui vit de sa chasse.

## CHAPITRE IX.

### *Du terrein de l'Amérique.*

CE qui fait qu'il y a tant de nations sauvages en Amérique, c'est que la terre y produit d'elle-même beaucoup de fruits dont on peut se nourrir. Si les femmes y cultivent autour de la cabane un morceau de terre, le *maïs* y vient d'abord. La chasse & la pêche achevent de mettre les hommes dans l'abondance.

De plus, les animaux qui paiffent, comme les bœufs, les buffles, &c. y réuffiffent mieux que les bêtes carnacieres. Celles-ci ont eu de tout temps l'empire de l'Afrique.

Je crois qu'on n'auroit point tous ces avantages en Europe, fi l'on y laiffoit la terre inculte; il n'y viendroit guere que des forêts, des chênes & autres arbres ftériles.

## CHAPITRE X.

*Du nombre des hommes, dans le rapport avec la maniere dont ils fe procurent la fubfiftance.*

QUAND les nations ne cultivent pas les terres, voici dans quelle proportion le nombre des hommes s'y trouve. Comme le produit d'un terrein inculte eft au produit d'un terrein cultivé; de même le nombre des fauvages, dans un pays, eft au nombre des laboureurs dans un autre : & quand le peuple qui cultive les terres, cultive auffi les arts, cela fuit des proportions qui demanderoient bien des détails.

Ils ne peuvent guere former une

G iij

grande nation. S'ils font pafteurs, ils ont befoin d'un grand pays, pour qu'ils puiffent fubfifter en certain nombre : s'ils font chaffeurs, ils font encore en plus petit nombre ; & forment, pour vivre, une plus petite nation.

Leur pays eft ordinairement plein de forêts ; & comme les hommes n'y ont point donné de cours aux eaux, il eft rempli de marécages, où chaque troupe fe cantonne & forme une petite nation.

## CHAPITRE XI.

### Des peuples fauvages, & des peuples barbares.

IL y a cette différence entre les peuples fauvages & les peuples barbares, que les premiers font de petites nations difperfées, qui, par quelques raifons particulieres, ne peuvent pas fe réunir ; au lieu que les barbares font ordinairement de petites nations qui peuvent fe réunir. Les premiers font ordinairement des peuples chaffeurs ; les feconds, des peuples pafteurs. Cela fe voit bien dans le nord de l'Afie. Les peuples de la Sibérie ne fçauroient vivre en corps, parce

qu'ils ne pourroient fe nourrir ; les Tartares peuvent vivre en corps pendant
quelque temps, parce que leurs troupeaux peuvent être raffemblés pendant
quelque temps. Toutes les hordes peuvent donc fe réunir ; & cela fe fait lorfqu'un chef en a foumis beaucoup d'autres : après quoi, il faut qu'elles faffent de
deux chofes l'une, qu'elles fe féparent,
ou qu'elles aillent faire quelque grande
conquête dans quelque empire du midi.

## CHAPITRE XII.

*Du droit des gens chez les peuples qui ne*
*cultivent point les terres.*

Ces peuples ne vivant pas dans un
terrein limité & circonfcrit, auront entr'eux bien des fujets de querelle ; ils fe
difputeront la terre inculte, comme
parmi nous les citoyens fe difputent les
héritages. Ainfi ils trouveront de fré-
quentes occafions de guerre pour leurs
chaffes, pour leurs pêches, pour la nourriture de leurs beftiaux, pour l'enléve-
ment de leurs efclaves ; & n'ayant point
de territoire, ils auront autant de chofes à régler par le droit des gens, qu'ils

en auront peu à décider par le droit civil.

## CHAPITRE XIII.

*Des loix civiles chez les peuples qui ne
cultivent point les terres.*

C'EST le partage des terres qui groffit principalement le code civil. Chez
les nations où l'on n'aura pas fait ce partage, il y aura très-peu de loix civiles.

On peut appeller les inftitutions de
ces peuples, des *mœurs* plutôt que des
*loix*.

Chez de pareilles nations, les vieillards, qui fe fouviennent des chofes paffées, ont une grande autorité; on n'y
peut être diftingué par les biens, mais
par la main & par les confeils.

Ces peuples errent & fe difperfent
dans les pâturages ou dans les forêts.
Le mariage n'y fera pas auffi affuré que
parmi nous, où il eft fixé par la demeure, & où la femme tient à une maifon; ils peuvent donc plus aifément
changer de femmes, en avoir plufieurs,
& quelquefois fe mêler indifféremment
comme les bêtes.

Les peuples pasteurs ne peuvent se séparer de leurs troupeaux qui font leur
subsistance ; ils ne sçauroient non plus se
séparer de leurs femmes qui en ont soin.
Tout cela doit donc marcher ensemble ;
d'autant plus que vivant ordinairement
dans de grandes plaines, où il y a peu
de lieux forts d'assiette, leurs femmes,
leurs enfans, leurs troupeaux deviendroient la proie de leurs ennemis.

Leurs loix régleront le partage du bu-
tin ; & auront, comme nos loix saliques, une attention particuliere sur les
vols.

## CHAPITRE XIV.

*De l'état politique des peuples qui ne cul-*
*tivent point les terres.*

CES peuples jouissent d'une grande
liberté : car, comme ils ne cultivent
point les terres, ils n'y sont point attachés ; ils sont errans, vagabonds ; & si
un chef vouloit leur ôter leur liberté ;
ils l'iroient d'abord chercher chez un
autre, ou se retireroient dans les bois
pour y vivre avec leur famille. Chez
ces peuples, la liberté de l'homme est si

G v

grande, qu'elle entraîne néceffairement la liberté du citoyen.

---

# CHAPITRE XV.

## Des peuples qui connoiffent l'ufage de la monnoie.

ARISTIPE ayant fait naufrage, nagea & aborda au rivage prochain; il vit qu'on avoit tracé fur le fable des figures de géométrie : il fe fentit ému de joie, jugeant qu'il étoit arrivé chez un peuple Grec, & non pas chez un peuple barbare.

Soyez feul, & arrivez par quelque accident chez un peuple inconnu; fi vous voyez une piece de monnoie, comptez que vous êtes arrivé chez une nation policée.

La culture des terres demande l'ufage de la monnoie. Cette culture fuppofe beaucoup d'arts & de connoiffances; & l'on voit toujours marcher d'un pas égal les arts, les connoiffances & les befoins. Tout cela conduit à l'établiffement d'un figne de valeurs.

Les torrens & les incendies (a) nous

(a) C'eft ainfi que *Diodore* nous dit que des bergers trouverent l'or des Pyrénées.

ont fait découvrir que les terres contenoient des métaux. Quand ils en ont
été une fois féparés, il a été aifé de les
employer.

---

## CHAPITRE XVI.

*Des loix civiles, chez les peuples qui ne*
*connoiffent point l'ufage de la monnoie.*

QUAND un peuple n'a pas l'ufage
de la monnoie, on ne connoît guere
chez lui que les injuftices qui viennent
de la violence ; & les gens foibles, en
s'uniffant, fe défendent contre la violence. Il n'y a guere là que des arrange-
mens politiques. Mais chez un peuple
où la monnoie eft établie, on eft fujet
aux injuftices qui viennent de la rufe ;
& ces injuftices peuvent être exercées
de mille façons. On y eft donc forcé
d'avoir de bonnes loix civiles ; elles
naiffent avec les nouveaux moyens &
les diverfes manieres d'être méchant.

Dans les pays où il n'y a point de
monnoie, le raviffeur n'enleve que des
chofes ; & les chofes ne fe reffemblent
jamais. Dans les pays où il y a de la
monnoie, le raviffeur enleve des fignes ;

G vj

& les signes se ressemblent toujours?
Dans les premiers pays, rien ne peut
être caché, parce que le ravisseur porte
toujours avec lui des preuves de sa con-
viction : cela n'est pas de même dans
les autres.

## CHAPITRE XVII.

*Des loix politiques, chez les peuples qui*
*n'ont point l'usage de la monnoie.*

CE qui assure le plus la liberté des peuples qui ne cultivent point les terres,
c'est que la monnoie leur est inconnue.
Les fruits de la chasse, de la pêche, ou
des troupeaux, ne peuvent s'assembler
en assez grande quantité, ni se garder
assez, pour qu'un homme se trouve en
état de corrompre tous les autres : au
lieu que, lorsque l'on a des signes de richesses, on peut faire un amas de ces
signes, & les distribuer à qui l'on veut.

Chez les peuples qui n'ont point de
monnoie, chacun a peu de besoins, &
les satisfait aisément & également. L'é-
galité est donc forcée ; aussi leurs chefs
ne sont-ils point despotiques.

# CHAPITRE XVIII.

## Force de la superstition.

SI ce que les relations nous disent est vrai, la constitution d'un peuple de la Louisianne nommé les *Natchés*, déroge à ceci. Leur chef (*a*) dispose des biens de tous ses sujets, & les fait travailler à sa fantaisie ; ils ne peuvent lui refuser leur tête ; il est comme le grand - seigneur. Lorsque l'héritier présomptif vient à naître, on lui donne tous les enfans à la mammelle, pour le servir pendant sa vie. Vous diriez que c'est le grand Sésostris. Ce chef est traité dans sa cabane avec les cérémonies qu'on feroit à un empereur du Japon ou de la Chine.

Les préjugés de la superstition sont supérieurs à tous les autres préjugés, & ses raisons à toutes les autres raisons. Ainsi, quoique les peuples sauvages ne connoissent point naturellement le déspotisme, ce peuple-ci le connoît. Ils adorent le soleil : & si leur chef n'avoit pas imaginé qu'il étoit le frere du soleil,

(*a*) *Lettres édif.* vingtiéme recueil.

ils n'auroient trouvé en lui qu'un misé-
rable comme eux.

---

# CHAPITRE XIX.

## De la liberté des Arabes, & de la servitude des Tartares.

Les Arabes & les Tartares sont des
peuples pasteurs. Les Arabes se trouvent dans les cas généraux dont nous
avons parlé, & sont libres; au lieu que
les Tartares ( peuple le plus singulier
de la terre ) se trouvent dans l'esclavage
politique (a). J'ai déja (b) donné quelques raisons de ce dernier fait : en voici
de nouvelles.

Ils n'ont point de villes, ils n'ont
point de forêts, ils ont peu de marais,
leurs rivieres sont presque toujours gla-
cées, ils habitent une immense plaine,
ils ont des pâturages & des troupeaux,
& par conséquent des biens : mais ils
n'ont aucune espece de retraite ni de
défense. Si-tôt qu'un kan est vaincu,
on lui coupe la tête (c) ; on traite de la

(a) Lorsqu'on proclame un kan, tout le peuple
s'écrie : Que sa parole lui serve de glaive.
(b) Liv. XVII, chap. v.
(c) Ainsi il ne faut pas être étonné si Mirivéis, s'é-
tant rendu maître d'Ispahan, fit tuer tous les princes
du sang.

même maniere ſes enfans ; & tous ſes
ſujets appartiennent au vainqueur. On
ne les condamne pas à un eſclavage civil ; ils ſeroient à charge à une nation
ſimple, qui n'a point de terres à cultiver, & n'a beſoin d'aucun ſervice domeſtique. Ils augmentent donc la nation. Mais au lieu de l'eſclavage civil,
on conçoit que l'eſclavage politique a
dû s'introduire.

En effet, dans un pays où les diverſes hordes ſe font continuellement la
guerre & ſe conquierent ſans ceſſe les
unes les autres ; dans un pays où, par
la mort du chef, le corps politique de
chaque horde vaincue eſt toujours détruit, la nation en général ne peut guere
être libre : car il n'y en a pas une ſeule
partie qui ne doive avoir été un très-
grand nombre de fois ſubjuguée.

Les peuples vaincus peuvent conſerver quelque liberté, lorſque, par la force
de leur ſituation, ils ſont en état de faire
des traités après leur défaite. Mais les
Tartares toujours ſans défenſe, vaincus une fois, n'ont jamais pu faire des
conditions.

J'ai dit, au chapitre II, que les habitans des plaines cultivées n'étoient guere

libres : des circonſtances font que les
Tartares , habitant une terre inculte ,
ſont dans le même cas.

CHAPITRE XX.

*Du droit des gens des Tartares.*

LES Tartares paroiſſent entr'eux doux
& humains ; & ils ſont des conquérans
très-cruels : ils-paſſent au fil de l'épée
les habitans des villes qu'ils prennent ;
ils croient leur faire grace lorſqu'ils les
vendent ou les diſtribuent à leurs ſoldats. Ils ont détruit l'Aſie depuis les
Indes juſqu'à la Méditerranée ; tout le
pays qui forme l'orient de la Perſe en eſt
reſté deſert.

Voici ce qui me paroît avoir produit
un pareil droit des gens. Ces peuples
n'avoient point de villes ; toutes leurs
guerres ſe faiſoient avec promptitude &
avec impétuoſité. Quand ils eſpéroient
de vaincre , ils combattoient ; ils augmentoient l'armée des plus forts , quand
ils ne l'eſpéroient pas. Avec de pareilles coutumes , ils trouvoient qu'il étoit
contre leur droit des gens, qu'une ville
qui ne pouvoit leur réſiſter les arrêtât.

Ils ne regardoient pas les villes comme
une assemblée d'habitans, mais comme
des lieux propres à se soustraire à leur
puissance. Ils n'avoient aucun art pour
les assiéger, & ils s'exposoient beaucoup
en les assiégeant; ils vengeoient par le
sang tout celui qu'il venoient de répan-
dre.

---

# CHAPITRE XXI.

## *Loi civile des Tartares.*

Lᴇ pere *du Halde* dit , que chez les
Tartares, c'est toujours le dernier des
mâles qui est l'héritier; par la raison qu'à
mesure que les aînés sont en état de
mener la vie pastorale, ils sortent de la
maison avec une certaine quantité de
bétail que le pere leur donne, & vont
former une nouvelle habitation. Le dernier des mâles, qui reste dans la maison
avec son pere, est donc son héritier naturel.

J'ai oui dire qu'une pareille coutume
étoit observée dans quelques petits dis-
tricts d'Angleterre: & on la trouve encore en Bretagne, dans le duché de
Rohan, où elle a lieu pour les rotures.

C'eft fans doute une loi paftorale ve-
nue de quelque petit peuple Breton, ou
portée par quelque peuple Germain. On
fçait, par *Céfar* & *Tacite*, que ces derniers cultivoient peu les terres.

## CHAPITRE XXII.

### *D'une loi civile des peuples Germains.*

J'EXPLIQUERAI ici comment ce
texté particulier de la loi falique que
l'on appelle ordinairement la loi falique,
tient aux inftitutions d'un peuple qui
ne cultivoit point les terres, ou du moins
les cultivoit peu.

La loi falique (a) veut que, lorfqu'un
homme laiffe des enfans, les mâles fuc-
cedent à la terre falique au préjudice des
filles.

Pour fçavoir ce que c'étoit que les
terres faliques, il faut chercher ce que
c'étoit que les propriétés ou l'ufage des
terres chez les Francs, avant qu'ils fuffent fortis de la Germanie.

M. *Echard* a très-bien prouvé que le
mot *falique* vient du mot *fala*, qui fignifie maifon ; & qu'ainfi la terre falique

(a) Tit. 62.

étoit la terre de la maison. J'irai plus loin ; & j'examinerai ce que c'étoit que la maison, & la terre de la maison, chez Germains.

» Ils n'habitent point de villes, dit « Tacite (a), & ils ne peuvent souffrir que « leurs maisons se touchent les unes les « autres ; chacun laisse autour de sa mai- « son un petit terrein ou espace, qui est « clos & fermé. « Tacite parloit exacte-ment. Car plusieurs loix des codes (b) barbares ont des dispositions différentes contre ceux qui renversoient cette en-ceinte, & ceux qui pénétroient dans la maison même.

Nous sçavons, par Tacite & César ; que les terres que les Germains culti-voient ne leur étoient données que pour un an ; après quoi elles redevenoient publiques. Ils n'avoient de patrimoine que la maison, & un morceau de terre dans l'enceinte autour de la maison (c). C'est ce patrimoine particulier qui ap-

(a) *Nullas Germanorum populis urbes habitari satis notum est, ne pati quidem inter se junctas sedes ; colunt discreti, ut nemus placuit. Vicos locant, non in nostrum morem connexis & cohærentibus ædificiis : suam quis-que domum spatio circumdat.* De morib. Germ.

(b) La loi des Allemands, ch. x ; & la loi des Ba-varois, tit. 10, §. 1 & 2.

(c) Cette enceinte s'appelle *curtis* dans les char-ges.

partenoit aux mâles. En effet, pourquoi
auroit-il appartenu aux filles ? Elles paffoient dans une autre maifon.

La terre falique étoit donc cette en-
ceinte qui dépendoit de la maifon du
Germain ; c'étoit la feule propriété qu'il
eût. Les Francs, après la conquête, acquirent de nouvelles propriétés, & on
continua à les appeller des terres faliques.

Lorfque les Francs vivoient dans la
Germanie, leurs biens étoient des efclaves, des troupeaux, des chevaux,
des armes, &c. La maifon, & la petite
portion de terre qui y étoit jointe,
étoient naturellement données aux enfans mâles qui devoient y habiter. Mais
lorfqu'après la conquête, les Francs eurent acquis de grandes terres, on trouva dur que les filles & leurs enfans ne
puffent y avoir de part. Il s'introdui-
fit un ufage, qui permettoit au pere
de rappeller fa fille & les enfans de fa
fille. On fit taire la loi ; & il falloit bien
que ces fortes de rappels fuffent communs, puifqu'on en fit des formules (a).

_____

(a) Voyez Marculfe, liv. II, form. 10 & 12 ; l'appendice de Marculfe, form. 49 ; & les formules anciennes, appellées de *Sirmond*, form. 22.

Parmi toutes ces formules, j'en trouve une singuliere (a). Un ayeul rappelle ses petits-enfans pour succéder avec ses fils & avec ses filles. Que devenoit donc la loi salique ? Il falloit que, dans ces temps-là même, elle ne fût plus observée; ou que l'usage continuel de rappeller les filles eût fait regarder leur capacité de succéder comme le cas le plus ordinaire.

La loi salique n'ayant point pour objet une certaine préférence d'un sexe sur un autre, elle avoit encore moins celui d'une perpétuité de famille, de nom, ou de transmission de terre : tout cela n'entroit point dans la tête des Germains. C'étoit une loi purement économique, qui donnoit la maison, & la terre dépendante de la maison, aux mâles qui devoient l'habiter, & à qui par conséquent elle convenoit le mieux.

Il n'y a qu'à transcrire ici le titre des *aleux* de la loi salique, ce texte si fameux, dont tant de gens ont parlé, & que si peu de gens ont lu :

1°. » Si un homme meurt sans enfans, « son pere ou sa mere lui succéderont. « 2°. S'il n'a ni pere ni mere, son frere ou «

(a) Form. 55, dans le recueil de Lindembrogh.

» fa fœur lui fuccéderont. 3°. S'il n'a ni
» frere ni fœur, la fœur de fa mere lui
» fuccédera. 4°. Si fa mere n'a point de
» fœur, la fœur de fon pere lui fuccéde-
» ra. 5°. Si fon pere n'a point de fœur, le
» plus proche parent par mâle lui fuccéde-
» ra. 6°. Aucune portion (a) de la terre
» falique ne paffera aux fémelles; mais
» elle appartiendra aux mâles, c'eft-à-
» dire que les enfans mâles fuccéderont à
» leur pere. «

Il eft clair que les cinq premiers arti-
cles concernent la fucceffion de celui qui
meurt fans enfans; & le fixiéme, la fucceffion de celui qui a des enfans.

Lorfqu'un homme mouroit fans enfans, la loi vouloit qu'un des deux fexes
n'eût de préférence fur l'autre que dans
de certain cas. Dans les deux premiers
dégrés de fucceffion, les avantages des
mâles & des fémelles étoient les mêmes;
dans le troifiéme & le quatriéme, les
femmes avoient la préférence; & les
mâles l'avoient dans le cinquiéme.

Je trouve les femences de ces bizarre-
ries dans *Tacite.* » Les enfans (b) des

(a) *De terrâ verò falicâ in mulierem nulla portio
hereditatis tranfit, fed hoc virilis fexus acquirit, hoc
eft filii in ipfi hereditate fuccedunt.* Tit. 62, §. 6.
(b) *Sororum filiis idem apud avunculum quàm apud*

sœurs, dit-il, font chéris de leur oncle «
comme de leur propre pere. Il y a des «
gens qui regardent ce lien comme plus «
étroit & même plus faint ; ils le préfe- «
rent, quand ils reçoivent des ôtages. «
C'eft pour cela que nos premiers hiftoriens (a) nous parlent tant de l'amour
des rois Francs pour leur sœur & pour
les enfans de leur sœur. Que fi les enfans des sœurs étoient regardés dans la
maifon comme les enfans mêmes, il étoit
naturel que les enfans regardaffent leur
tante comme leur propre mere.

La sœur de la mere étoit préférée à
la sœur du pere ; cela s'explique par
d'autres textes de la loi falique : Lorfqu'une femme étoit veuve (b), elle tom-
boit fous la tutelle des parens de fon mari ; la loi préféroit pour cette tutelle les
parens par femmes aux parens par mâles. En effet, une femme qui entroit
dans une famille, s'uniffant avec les per-

patrem honor. *Quidam fanctiorem arctioremque hunc*
*nexum fanguinis arbitrantur, & in accipiendis obfidi-*
*bus magis exigunt, tanquàm ii & animum firmiùs &*
*domum latiùs teneant,* de morib. Germ.

(a) Voy. dans *Grégoire* de Tours, liv. VIII, ch.
XVIII & XX ; liv. IX, ch. XVI & XX, les fureurs de
Gontran fur les mauvais traitemens faits à Ingunde
fa niéce par Leuvigilde : & comme Childebert, fon
frere, fit la guerre pour la venger.

(b) Loi falique, tit. 47.

fonnes de fon fexe, elle étoit plus liée
avec les parens par femmes, qu'avec les
parens par mâle. De plus, quand un (*a*)
homme en avoit tué un autre, & qu'il
n'avoit pas de quoi fatisfaire à la peine
pécuniaire qu'il avoit encourue, la loi
lui permettoit de céder fes biens, & les
parens devoient fuppléer à ce qui manquoit. Après le pere, la mere & le frere, c'étoit la fœur de la mere qui payoit,
comme fi ce lien avoit quelque chofe de
plus tendre : or la parenté, qui donne
les charges, devoit de même donner les
avantages.

La loi falique vouloit qu'après la
fœur du pere, le plus proche parent par
mâle eût la fucceffion : mais s'il étoit
parent au-delà du cinquiéme dégré, il
ne fuccédoit pas. Ainfi une femme au
cinquiéme dégré auroit fuccédé au préjudice d'un mâle du fixiéme : & cela fe
voit dans la loi (*b*) des Francs Ripuaires, fidéle interprête de la loi falique
dans le titre des aleux, où elle fuit pas
à pas le même titre de la loi falique.

Si le pere laiffoit des enfans, la loi

_____

(*a*) Ibid. tit. 61, §. 1.
(*b*) *Et deinceps ufque ad quintum genucu'um qui pro-*
*ximus fuerit in hereditatem fuccedat.* tit. 56, §. 6.

falique

falique vouloit que les filles fuſſent exclues de la ſucceſſion à la terre ſalique,
& qu'elle appartînt aux enfans mâles.

Il me ſera aiſé de prouver que la loi
ſalique n'exclut pas indiſtinctement les
filles de la terre ſalique, mais dans le
cas ſeulement où des freres les exclu-
roient. Cela ſe voit dans la loi ſalique
même, qui, après avoir dit que les femmes ne poſſéderoient rien de la terre
ſalique, mais ſeulement les mâles,
s'interprete & ſe reſtreint elle-même;
» c'eſt-à-dire, dit-elle, que le fils ſuc- «
cédera à l'hérédité du pere. «

2°. Le texte de la loi ſalique eſt éclair-
ci par la loi des Francs Ripuaires, qui
a auſſi un titre (a) des aleux très-conforme à celui de la loi ſalique.

3°. Les loix de ces peuples barbares,
tous originaires de la Germanie, s'inter-
pretent les unes les autres, d'autant
plus qu'elles ont toutes à peu près le
même eſprit. La loi des Saxons (b) veut
que le pere & la mere laiſſent leur hérédité à leur fils, & non pas à leur fille; mais

(a) Tit. 56.
(b) Tit. 7, §. 1. *Pater aut mater defuncti, filio non
filiæ hereditatem relinquant.* §. 4. *Qui defunctus, non
filios, ſed filias reliquerit, ad eas omnis hereditas perti-
neat.*

que, s'il n'y a que des filles, elles aient toute l'hérédité.

4°. Nous avons deux anciennes formules (*a*) qui posent le cas où, suivant la loi salique, les filles sont exclues par les mâles; c'est lorsqu'elles concourent avec leur frere.

5°. Une autre formule (*b*) prouve que la fille succédoit au préjudice du petit-fils; elle n'étoit donc exclue que par le fils.

6°. Si les filles, par la loi salique, avoient été généralement exclues de la succession des terres, il seroit impossible d'expliquer les histoires, les formules & les chartres, qui parlent continuellement des terres & des biens des femmes dans la premiere race.

On a (*c*) eu tort de dire que les terres saliques étoient des fiefs. 1°. Ce titre est intitulé *des aleux*. 2°. Dans les commencemens, les fiefs n'étoient point héréditaires. 3°. Si les terres saliques avoient été des fiefs, comment *Marculfe* auroit-il traité d'impie la coutume qui excluoit les femmes d'y succéder,

(*a*) Dans *Marculfe*, liv. II, form. 12; & dans l'appendice de Marculfe, form. 49.
(*b* Dans le recueil de Lindembroch, form. 55.
(*c*) Du Cange, Pithou, &c.

puifque les mâles mêmes ne fuccédoient
pas aux fiefs? 4°. Les chartres que l'on
cite pour prouver que les terres faliques
étoient des fiefs, prouvent feulement
qu'elles étoient des terres franches.
5°. Les fiefs ne furent établis qu'après
la conquête; & les ufages faliques exif-
toient avant que les Francs partiffent de
la Germanie. 6°. Ce ne fut point la loi
falique qui, en bornant la fucceffion des
femmes, forma l'établiffement des fiefs;
mais ce fut l'établiffement des fiefs qui
mit des limites à la fucceffion des femmes & aux difpofitions de la loi falique.

Après ce que nous venons de dire,
on ne croiroit pas que la fucceffion perpétuelle des mâles à la couronne de
France pût venir de la loi falique. Il eft
pourtant indubitable qu'elle en vient.
Je le prouve par les divers codes des
peuples barbares. La loi falique (*a*) &
la loi des Bourguignons (*b*) ne donnerent
point aux filles le droit de fuccéder à la
terre avec leurs freres; elles ne fuccé-
derent pas non plus à la couronne. La
loi des Wifigoths (*c*) au contraire admit

(*a*) Tit. 62.
(*b*) Tit. 1, §. 3; tit. 14, §. 1; & tit. 51.
(*c*) Liv. IV, tit. 2, §. 1.

H ij

les filles (*a*) à fuccéder aux terres avec leurs freres ; les femmes furent capables de fuccéder à la couronne. Chez ces peuples, la difpofition de la loi civile força (*b*) la loi politique.

Ce ne fut pas le feul cas où la loi politique chez les Francs céda à la loi civile. Par la difpofition de la loi falique, tous les freres fuccédoient également à la terre ; & c'étoit auffi la difpofition de la loi des Bourguignons. Auffi, dans la monarchie des Francs & dans celle des Bourguignons, tous les freres fuccéderent-ils à la couronne, à quelques violences, meurtres & ufurpations près, chez les Bourguignons,

(*a*) Les nations Germaines, dit *Tacite*, avoient des ufages communs ; elles en avoient auffi de particuliers.

(*b*) La couronne, chez les Oftrogoths, paffa deux fois par les femmes aux mâles ; l'une, par Amalafunthe, dans la perfonne d'Athalaric ; & l'autre, par Amalafrede, dans la perfonne de Théodat. Ce n'eft pas que, chez eux, les femmes ne puffent régner par elles-mêmes : Amalafunthe, après la mort d'Athalaric, régna, & régna même après l'élection de Théodat & concurremment avec lui. Voyez les lettres d'Amalafunthe & de Théodat, dans *Caffiodore*, liv. X.

## CHAPITRE XXIII.

*De la longue chevelure des rois Francs.*

Les peuples qui ne cultivent point les terres, n'ont pas même l'idée du luxe. Il faut voir, dans *Tacite*, l'admirable simplicité des peuples Germains; les arts ne travailloient point à leurs ornemens, ils les trouvoient dans la nature. Si la famille de leur chef devoit être remarquée par quelque signe, c'étoit dans cette même nature qu'ils devoient le chercher: les rois des Francs, des Bourguignons, & des Wisigoths, avoient pour diadême leur longue chevelure.

## CHAPITRE XXIV.

*Des mariages des rois Francs.*

J'ai dit ci-dessus que chez les peuples qui ne cultivent point les terres, les mariages étoient beaucoup moins fixes, & qu'on y prenoit ordinairement plusieurs femmes. » Les Germains étoient presque les seuls (a) de tous les barbares

(a) *Propè soli barbarorum singulis uxoribus contenti sunt.* De morib. Germ.

H iij

» qui se contentassent d'une seule femme,
» si l'on en excepte (*a*), dit *Tacite*, quel-
» ques personnes qui, non par dissolution,
» mais à cause de leur noblesse, en avoient
» plusieurs. «

Cela explique comment les rois de la premiere race eurent un si grand nombre de femmes. Ces mariages étoient moins un témoignage d'incontinence, qu'un attribut de dignité : c'eut été les blesser dans un endroit bien tendre, que de leur faire perdre une telle préroga-tive (*b*). Cela explique comment l'exemple des rois ne fut pas suivi par les sujets.

(*a*) *Exceptis admodùm paucis qui , non libidine , sed ob nobilitatem , plurimis nvptiis ambiuntur.* ibid.
(*b*) Voyez la chronique de *Frédégaire*, sur l'an 628.

# CHAPITRE XXV.

## CHILDERIC.

» LES mariages chez les Germains sont
» séveres (*a*), dit *Tacite* : les vices n'y sont
» point un sujet de ridicule : corrompre,
» ou être corrompu, ne s'appelle point un

(*a*) *Severa matrimonia. . . . Nemo illic vitia ridet ; nec corrumpere & corrumpi sæculum vocatur.* De mo-ribus Germ.

uſage ou une maniere de vivre : il y a «
peu d'exemples ( *a* ) dans une nation ſi «
nombreuſe de la violation de la foi con- «
jugale. «

Cela explique l'expulſion de Childé-
ric : il choquoit des mœurs rigides, que
la conquête n'avoit pas eu le temps de
changer.

(*a*) *Pauciſſima in tam numeroſà gente adulteria.*
Ibid.

---

# CHAPITRE XXVI.

### *De la majorité des rois Francs.*

LEs peuples barbares qui ne cultivent
point les terres, n'ont point proprement
de territoire ; & ſont, comme nous
avons dit, plutôt gouvernés par le droit
des gens que par le droit civil. Ils ſont
donc preſque toujours armés. Auſſi Tacite dit-il » que les Germains (*a*) ne fai- «
ſoient aucune affaire publique ni parti- «
culiere ſans être armés. « Ils donnoient
leur avis (*b*) par un ſigne qu'ils faiſoient

(*a*) *Nihil, neque publicæ, neque privatæ rei, niſi
armati agunt.* Tacite, *de morib. Germ.*
(*b*) *Si diſplicuit ſententia, aſpernantur ; ſin placuit,
frameas concutiunt.* Ibid.

H iv

avec leurs armes (*a*). Sitôt qu'ils pouvoient les porter, ils étoient préſentés
à l'aſſemblée ; on leur mettoit dans les
mains un javelot (*b*) : dès ce moment,
ils ſortoient de l'enfance (*c*); ils étoient
une partie de la famille, ils en deve-
noient une de la république.

» Les aigles, diſoit (*d*) le roi des Oſtro-
» goths, ceſſent de donner la nourriture à
» leurs petits, ſitôt que leurs plumes &
» leurs ongles ſont formés ; ceux-ci n'ont
» plus beſoin du ſecours d'autrui, quand
» ils vont eux-mêmes chercher une proie.
» Il ſeroit indigne que nos jeunes gens qui
» ſont dans nos armées fuſſent cenſés être
» dans un âge trop foible pour régir leur
» bien, & pour régler la conduite de leur
» vie. C'eſt la vertu qui fait la majorité
» chez les Goths. «

Childebert II avoit quinze (*e*) ans ;

(*a*) *Sed arma ſumere non ante cuiquam moris quàm civitas ſuffecturum probaverit.*

(*b*) *Tum in ipſo concilio, vel principum aliquis, vel pater, vel propinquus, ſcuto frameâque juvenem ornant.*

(*c*) *Hæc apud illos toga, hic primus juventæ honos : ante hoc domus pars videntur, mox reipublicæ.*

(*d*) Théodoric, dans *Caſſiodore*, liv. 1, lett. 38.

(*e*) Il avoit à peine cinq ans, dit *Grégoire de Tours*, liv. V, ch. 1, lorſqu'il ſuccéda à ſon pere, en l'an 575 ; c'eſt-à-dire, qu'il avoit cinq ans. Gontrand le déclara majeur en l'an 585 : il avoit donc quinze ans.

lorfque Gontran fon oncle le déclara majeur, & capable de gouverner par lui-même. On voit dans la loi des *Ripuaires* cet âge de quinze ans, la capacité de porter les armes, & la majorité marcher enfemble. » Si un Ripuaire eft mort, ou a été tué, y eft-il dit (*a*), & qu'il ait laiffé un fils, il ne pourra pourfuivre, ni être pourfuivi en jugement, qu'il n'ait quinze ans complets ; pour lors il répondra lui-même, ou choifira un champion. « Il falloit que l'efprit fût affez formé pour fe défendre dans le jugement, & que le corps le fût affez pour fe défendre dans le combat. Chez les Bourguignons (*b*), qui avoient auffi l'ufage du combat dans les actions judiciaires, la majorité étoit encore à quinze ans.

*Agathias* nous dit que les armes des Francs étoient légeres ; ils pouvoient donc être majeurs à quinze ans. Dans la fuite, les armes devinrent pefantes ; & elles l'étoient déja beaucoup du temps de Charlemagne, comme il paroît par nos capitulaires & par nos romans. Ceux qui (*c*) avoient des fiefs, & qui par

(*a*) Tit. 81.        (*b*) Tit. 87.
(*c*) Il n'y eut point de changement pour les roturiers.

H v

conféquent devoient faire le fervice militaire, ne furent plus majeurs qu'à vingt-
un ans (a).

(a) saint Louis ne fut majeur qu'à cet âge. Cela
changea par un édit de Charles V, de l'an 1374.

## CHAPITRE XXVII.

### Continuation du même fujet.

ON a vu que, chez les Germains, on
n'alloit point à l'affemblée avant la majorité ; on étoit partie de la famille, &
non pas de la république. Cela fit que
les enfans de Clodomir, roi d'Orléans
& conquérant de la Bourgogne, ne furent point déclarés rois ; parce que, dans
l'âge tendre où ils étoient, ils ne pouvoient pas être préfentés à l'affemblée.
Ils n'étoient pas rois encore, mais ils
devoient l'être lorfqu'ils feroient capables de porter les armes ; & cependant
Clotilde leur ayeule gouvernoit l'é-
tat (a). Leurs oncles Clotaire & Childebert les égorgerent, & partagerent
leur royaume. Cet exemple fut caufe

(a) Il paroît, par Grégoire de Tours, liv. III, qu'elle
choifit deux hommes de Bourgogne, qui étoit une
conquête de Clodomir, pour les élever au fiége de
Tours, qui étoit auffi du royaume de Clodomir.

que dans la fuite les princes pupiles furent déclarés rois, d'abord après la mort de leurs peres. Ainfi le duc Gondovalde fauva Childebert II de la cruauté de Chilpéric, & le fit déclarer roi (a) à l'âge de cinq ans.

Mais, dans ce changement même, on fuivit le premier efprit de la nation ; de forte que les actes ne fe paffoient pas même au nom des rois pupiles. Auffi y eut-il chez les Francs une double adminiftration ; l'une, qui regardoit la perfonne du roi pupile ; & l'autre, qui regardoit le royaume : & dans les fiefs, il y eut une différence entre la tutelle & la baillie.

(a) *Grégoire de Tours*, liv. V, ch. 1. *Vix luftro ætatis uno jàm peracto, qui die dominicæ Natalis, regnare cæpit.*

# CHAPITRE XXVIII.

## De l'adoption chez les Germains.

COMME chez les Germains on devenoit majeur en recevant les armes, on étoit adopté par le même figne. Ainfi Gontran voulant déclarer majeur fon neveu Childebert, & de plus l'adopter,

H vj

il lui dit : » J'ai mis (*a*) ce javelot dans
» tes mains; comme un figne que je t'ai
» donné mon royaume. « Et fe tournant
vers l'affemblée : » Vous voyez que
» mon fils Childebert eft devenu un hom-
» me ; obéiffez-lui. « Théodoric, roi des
Oftrogoths, voulant adopter le roi des
Hérules, lui écrivit : (*b*) » C'eft une belle
» chofe parmi nous, de pouvoir être adop-
» té par les armes : car les hommes cou-
» rageux font les feuls qui méritent de de-
» venir nos enfans. Il y a une telle force
» dans cet acte, que celui qui en eft l'ob-
» jet, aimera toujours mieux mourir, que
» de fouffrir quelque chofe de honteux.
» Ainfi, par la coutume des nations, &
» parce que vous êtes un homme, nous
» vous adoptons par ces boucliers, ces
» épées, ces chevaux que nous vous en-
» voyons. «

(*a*) Voyez *Grégoire* de Tours, liv. 7, chap. 23.
(*b*) Dans *Caffiodore*, liv. IV, lett. 2.

# CHAPITRE XXIX.

### *Efprit fanguinaire des rois Francs.*

CLOVIS n'avoit pas été le feul des
princes chez les Francs, qui eût entre-

pris des expéditions dans les Gaules ;
plufieurs de fes parens y avoient mené
des tribus particulieres : Et comme il y
eut de plus grands fuccès, & qu'il put
donner des établiffemens confidérables
à ceux qui l'avoient fuivi, les Francs
accoururent à lui de toutes les tribus, &
les autres chefs fe trouverent trop foibles pour lui réfifter. Il forma le deffein
d'exterminer toute fa maifon, & il y
réuffit (*a*). Il craignoit, dit *Grégoire de
Tours* (*b*), que les Francs ne priffent un
autre chef. Ses enfans & fes fucceffeurs
fuivirent cette pratique autant qu'ils purent : on vit fans ceffe le frere, l'oncle,
le neveu, que dis-je? le fils, le pere,
confpirer contre toute fa famille. La loi
féparoit fans ceffe la monarchie; la crainte, l'ambition & la cruauté vouloient la
réunir.

(*a*) *Grégoire* de Tours, liv. II.
(*b*) Ibid.

## CHAPITRE XXX.

### Des assemblées de la nation chez les Francs.

ON a dit ci-dessus, que les peuples qui ne cultivent point les terres, jouissoient d'une grande liberté. Les Germains furent dans ce cas. *Tacite* dit qu'ils ne donnoient à leurs rois ou chefs qu'un pouvoir très-modéré (*a*); & *César* (*b*), qu'ils n'avoient pas de magistrat commun pendant la paix, mais que dans chaque village les princes rendoient la justice entre les leurs. Aussi les Francs dans la Germanie n'avoient-ils point de roi, comme *Grégoire de Tours* (*c*) le prouve très-bien.

» Les princes (*d*), dit *Tacite*, déliberent sur les petites choses, toute la nation sur les grandes; de sorte pour-

(*a*) *Nec regibus libera aut infinita potestas. Cæterùm neque animadvertere, neque vincire, neque verberare, &c. De morib. Germ.*

(*b*) *In pace nullus est communis magistratus; sed principes regionum atque pagorum inter suos jus dicunt. De bello Gall. liv. VI.*

(*c*) Liv. II.

(*d*) *De minoribus principes consultant, de majoribus omnes; ità tamen ut ea quorum penes plebem arbitrium est, apud principes quoque pertractentur. De moribus Germ.*

tant que les affaires dont le peuple prend «
connoissance, sont portées de même de- «
vant les princes. « Cet usage se conser-
va après la conquête, comme (a) on le
voit dans tous les monumens.

*Tacite* (b) dit que les crimes capitaux
pouvoient être portés devant l'assemblée. Il en fut de même après la conquête, & les grands vassaux y furent
jugés.

(a) *Lex consensu populi fit & constitutione regis.* Capitulaires de Charles le Chauve, an. 864, art. 6.
(b) *Licet apud concilium accusare & discrimen capi-
tis intendere.* De morib. Germ.

---

# CHAPITRE XXXI.
## *De l'autorité du clergé dans la premiere race.*

C H E Z les peuples barbares, les prêtres ont ordinairement du pouvoir, parce qu'ils ont & l'autorité qu'ils doivent
tenir de la religion, & la puissance que
chez des peuples pareils donne la superstition. Aussi voyons-nous, dans *Tacite*, que les prêtres étoient fort accrédi-
tés chez les Germains, qu'ils mettoient
la police (a) dans l'assemblée du peu-

(a) *Silentium per sacerdotes, quibus & coercendi jus
est, imperatur.* De morib. Germ.

ple. Il n'étoit permis qu'à (*a*) eux de châtier, de lier, de frapper : ce qu'ils faisoient, non pas par un ordre du prince, ni pour infliger une peine ; mais comme par une inspiration de la divinité, toujours présente à ceux qui font la guerre.

Il ne faut pas être étonné si, dès le commencement de la premiere race, on voit les évêques arbitres (*b*) des jugemens, si on les voit paroître dans les assemblées de la nation, s'ils influent si fort dans les résolutions des rois, & si on leur donne tant de biens.

(*a*) *Nec regibus libera aut infinita potestas. Cæterùm neque animadvertere, nisi vincire, neque verberare, nisi sacerdotibus est permissum ; non quasi in pœnam, nec ducis jussu, sed velut Deo imperante, quem adesse bellatoribus credunt.* Ibid.

(*b*) Voyez la constitution de Clotaire de l'an 560, article 6.

✣✤✣✤✣✤✣✤✣✤✣✤✣✤✣✤✣✤✣

# LIVRE XIX.

*Des loix, dans le rapport qu'elles ont avec les principes qui forment l'esprit général, les mœurs & les manieres d'une nation.*

## CHAPITRE PREMIER.

*Du sujet de ce livre.*

CETTE matiere est d'une grande étendue. Dans cette foule d'idées qui se présentent à mon esprit, je serai plus attentif à l'ordre des choses, qu'aux choses mêmes. Il faut que j'écarte à droite & à gauche, que je perce, & que je me fasse jour.

# CHAPITRE II.

*Combien, pour les meilleures loix, il est nécessaire que les esprits soient préparés.*

RIEN ne parut plus insupportable aux Germains (*a*) que le tribunal de Varus. Celui que Justinien érigea (*b*) chez les Laziens, pour faire le procès au meurtrier de leur roi, leur parut une chose horrible & barbare. Mithridate (*c*) haranguant contre les Romains, leur reproche surtout les formalités (*d*) de leur justice. Les Parthes ne purent supporter ce roi, qui ayant été élevé à Rome, se rendit affable (*ε*) & accessible à tout le monde. La liberté même a paru insupportable à des peuples qui n'étoient pas accoutumés à en jouir. C'est ainsi qu'un air pur est quelquefois nuisible à ceux qui ont vécu dans des pays marécageux.

Un Vénitien nommé *Balbi*, étant

---

(*a*) Ils coupoient la langue aux avocats, & disoient : *Vipere, cesse de siffler.* Tacite.

(*b*) Agathias, liv. IV.

(*c*) Justin, liv. XXXVIII.

(*d*) *Calumnias litium.* Ibid.

(*ε*) *Prompti aditus, nova comitas, ignotæ Parthis virtutes, nova vitia.* Tacite.

au (a) Pégu, fut introduit chez le roi.
Quand celui-ci apprit qu'il n'y avoit
point de roi à Venife, il fit un fi grand
éclat de rire, qu'une toux le prit, & qu'il
eut beaucoup de peine à parler à fes
courtifans. Quel eft le légiflateur qui
pourroit propofer le gouvernement populaire à des peuples pareils?

(a) Il en a fait la defcription en 1596. *Recueil des voyages qui ont fervi à l'établiffement de la compagnie des Indes*, tom. III, part. I, p. 33.

## CHAPITRE III.

### De la tyrannie.

IL y a deux fortes de tyrannie; une
réelle, qui confifte dans la violence du
gouvernement; & une d'opinion, qui
fe fait fentir lorfque ceux qui gouvernent établiffent des chofes qui choquent la maniere de penfer d'une nation.

*Dion* dit qu'Augufte voulut fe faire
appeller Romulus; mais qu'ayant appris
que le peuple craignoit qu'il ne voulût
fe faire roi, il changea de deffein. Les
premiers Romains ne vouloient point de
roi, parce qu'ils n'en pouvoient fouffrir

la puiffance : les Romains d'alors ne vouloient point de roi , pour n'en point
fouffrir les manieres. Car , quoique Céfar , les Triumvirs , Augufte , fuffent de
véritables rois , ils avoient gardé tout
l'extérieur de l'égalité , & leur vie pri-
vée contenoit une efpece d'oppofition
avec le fafte des rois d'alors : & quand
ils ne vouloient point de roi , cela figni-
fioit qu'ils vouloient garder leurs manieres , & ne pas prendre celles des peuples d'Afrique & d'orient.

.Dion ( a ) nous dit que le peuple Romain étoit indigné contre Augufte , à
caufe de certaines loix trop dures qu'il
avoit faites : mais que fi-tôt qu'il eut
fait revenir le comédien Pylade que les
factions avoient chaffé de la ville , le
mécontentement ceffa. Un peuple pareil fentoit plus vivement la tyrannie
lorfqu'on chaffoit un baladin , que lorfqu'on lui ôtoit toutes fes loix.

(a) Liv. LIV , p. 532.

## CHAPITRE IV.

### Ce que c'est que l'esprit général.

PLUSIEURS choses gouvernent les hommes, le climat, la religion, les loix, les maximes du gouvernement, les exemples des choses passées, les mœurs, les manieres ; d'où il se forme un esprit général qui en résulte.

A mesure que dans chaque nation une de ces causes agit avec plus de force, les autres lui cedent d'autant. La nature & le climat dominent presque seuls sur les sauvages ; les manieres gouvernent les Chinois ; les loix tyrannisent le Japon ; les mœurs donnoient autrefois le ton dans Lacédémone ; les maximes du gouvernement & les mœurs anciennes le donnoient dans Rome.

## CHAPITRE V.

*Combien il faut être attentif à ne point changer l'esprit général d'une nation.*

S'IL y avoit dans le monde une nation qui eût une humeur fociable, une ouverture de cœur, une joie dans la vie, un goût, une facilité à communiquer fes penfées ; qui fût vive, agréable, enjouée, quelquefois imprudente, fouvent indifcrete ; & qui eût avec cela du courage, de la générofité, de la franchife, un certain point d'honneur ; il ne faudroit point chercher à gêner par des loix fes manieres, pour ne point gêner fes vertus. Si en général le caractere eft bon, qu'importe de quelques défauts qui s'y trouvent ?

On y pourroit contenir les femmes, faire des loix pour corriger leurs mœurs, & borner leur luxe : mais qui fçait fi on n'y perdroit pas un certain goût, qui feroit la fource des richeffes de la nation, & une politeffe qui attire chez elle les étrangers ?

C'eft au légiflateur à fuivre l'efprit de la nation, lorfqu'il n'eft pas contraire aux principes du gouvernement ; car nous ne faisons rien de mieux que ce que nous faisons librement, & en suivant notre génie naturel.

Qu'on donne un esprit de pédanterie à une nation naturellement gaie, l'état n'y gagnera rien, ni pour le dedans, ni pour le dehors. Laissez-lui faire les choses frivoles sérieusement, & gaiement les choses sérieuses.

## CHAPITRE VI.

### *Qu'il ne faut pas tout corriger.*

Qu'on nous laisse comme nous sommes, disoit un gentilhomme d'une nation qui ressemble beaucoup à celle dont nous venons de donner une idée. La nature répare tout. Elle nous a donné une vivacité capable d'offenser, & propre à nous faire manquer à tous les égards ; cette même vivacité est corrigée par la politesse qu'elle nous procure, en nous inspirant du goût pour le monde, & surtout pour le commerce des femmes.

Qu'on nous laisse tels que nous sommes. Nos qualités indiscretes, jointes à notre peu de malice, font que les loix qui gêneroient l'humeur sociable parmi nous, ne feroient point convenables.

## CHAPITRE VII.

### Des Athéniens & des Lacédémoniens.

LES Athéniens, continuoit ce gentilhomme, étoient un peuple qui avoit quelque rapport avec le nôtre. Il mettoit de la gaieté dans les affaires; un trait de raillerie lui plaifoit fur la tribune comme fur le théâtre. Cette vivacité qu'il mettoit dans les confeils, il la portoit dans l'exécution. Le caractere des Lacédémoniens étoit grave, férieux, fec, taciturne. On n'auroit pas plus tiré parti d'un Athénien en l'ennuyant, que d'un Lacédémonien en le divertiffant.

## CHAPITRE VIII.

### Effets de l'humeur fociable.

PLUS les peuples fe communiquent, plus ils changent aifément de manieres, parce que chacun eft plus un fpectacle pour un autre; on voit mieux les fingularités

larités des individus. Le climat qui fait qu'une nation aime à se communiquer, fait aussi qu'elle aime à changer ; & ce qui fait qu'une nation aime à changer, fait aussi qu'elle se forme le goût.

La société des femmes gâte les mœurs, & forme le goût : l'envie de plaire plus que les autres, établit les parures ; & l'envie de plaire plus que soi-même, établit les modes. Les modes sont un objet important : à force de se rendre l'esprit frivole, on augmente sans cesse les branches de son commerce (*a*).

(*a*) Voyez la fable des abeilles.

---

# CHAPITRE IX.

*De la vanité & de l'orgueil des nations.*

LA vanité est un aussi bon ressort pour un gouvernement, que l'orgueil en est un dangereux. Il n'y a pour cela qu'à se représenter, d'un côté, les biens sans nombre qui résultent de la vanité ; de-là le luxe, l'industrie, les arts, les modes, la politesse, le goût : & d'un autre côté, les maux infinis qui naissent de l'orgueil de certaines nations ; là paresse, la pauvreté, l'abandon de tout, la destruction des nations que le hazard a fait tomber entre leurs mains, & de la leur même. La paresse (a) est l'effet de l'orgueil; le travail est une suite de la vanité : L'orgueil d'un Espagnol le portera à ne pas travailler ; la vanité d'un François le portera à sçavoir travailler mieux que les autres.

Toute nation paresseuse est grave; car ceux qui ne travaillent pas se regardent comme souverains de ceux qui travaillent.

Examinez toutes les nations ; & vous verrez que, dans la plupart, la gravité, l'orgueil & la paresse marchent du même pas.

Les peuples d'Achim (b) sont fiers & paresseux : ceux qui n'ont point d'esclaves en louent un, ne fût-ce que pour faire cent pas, & porter deux pintes de riz ; ils se croiroient deshonorés s'ils les portoient eux-mêmes.

Il y a plusieurs endroits de la terre où

(a) Les peuples qui suivent le Kan de Malacamber, ceux de Carnataca & de Coromandel, sont des peuples orgueilleux & paresseux ; ils consomment peu, parce qu'ils sont misérables : au lieu que les Mogols & les peuples de l'Indostan s'occupent & jouissent des commodités de la vie, comme les Européens. *Recueil des voyages qui ont servi à l'établissement de la compagnie des Indes*, tom. I, p. 54.

(b) Voyez *Dampierre*, tome III.

l'on se laisse croître les ongles, pour mar-
quer que l'on ne travaille point.

Les femmes des Indes (*a*) croient
qu'il est honteux pour elles d'apprendre
à lire : c'est l'affaire, disent-elles, des
esclaves qui chantent des cantiques
dans les pagodes. Dans une caste, elles
ne filent point ; dans une autre, elles ne
font que des paniers & des nattes, elles
ne doivent pas même piler le riz ; dans
d'autres, il ne faut pas qu'elles aillent
quérir de l'eau. L'orgueil y a établi ses
régles, & il les fait suivre. Il n'est pas
nécessaire de dire que les qualités morales ont des effets différens, selon
qu'elles sont unies à d'autres : ainsi l'orgueil, joint à une vaste ambition, à la
grandeur des idées, &c. produisit chez
les Romains les effets que l'on sçait.

(*a*) Lettres édif. douziéme recueil, p. 80.

## CHAPITRE X.

*Du caractere des Espagnols, & de celui*
*des Chinois.*

LES divers caracteres des nations sont
mêlés de vertus & de vices, de bonnes
& de mauvaises qualités. Les heureux

mélanges font ceux dont il réfulte de
grands biens, & fouvent on ne les foup-
çonneroit pas ; il y en a dont il réfulte
de grands maux, & qu'on ne foup-
çonneroit pas non plus.

La bonne foi des Efpagnols a été fa-
meufe dans tous les temps. *Juftin* ( *a* )
nous parle de leur fidélité à garder les
dépôts ; ils ont fouvent fouffert la mort
pour les tenir fecrets. Cette fidélité
qu'ils avoient autrefois, ils l'ont encore aujourd'hui. Toutes les nations qui
commercent à Cadix, confient leur fortune aux Efpagnols ; elles ne s'en font
jamais repenties. Mais cette qualité admirable, jointe à leur pareffe, forme un
mélange dont il réfulte des effets qui
leur font pernicieux : les peuples de l'Europe font fous leurs yeux tout le commerce de leur monarchie.

Le caractere des Chinois forme un
autre mélange, qui eft en contrafte avec
le caractere des Efpagnols. Leur vie précaire (*b*) fait qu'ils ont une activité prodigieufe, & un defir fi exceffif du gain,
qu'aucune nation commerçante ne peut
fe fier à eux (*c*). Cette infidélité recon-

(*a*) Liv. XLIII.
(*b*) Par la nature du climat & du terroir,
(*c*) Le P. *du Halde*, tom. II.

nue leur a. confervé le commerce du Japon ; aucun négociant d'Europe n'a ofé
entreprendre de le faire fous leur nom,
quelque facilité qu'il y eût eu à l'entreprendre par leurs provinces maritimes
du nord.

---

# CHAPITRE XI.

## *Réflexion.*

J e n'ai point dit ceci pour diminuer
rien de la diftance infinie qu'il y a entre les vices & les vertus : à Dieu ne
plaife ! J'ai feulement voulu faire comprendre que tous les vices politiques ne
font pas des vices moraux , & que tous
les vices moraux ne font pas des vices
politiques ; & c'eft ce que ne doivent
point ignorer ceux qui font des loix qui
choquent l'efprit général.

I iij

## CHAPITRE XII.

### Des manieres & des mœurs dans l'état despotique.

C'EST une maxime capitale, qu'il ne faut jamais changer les mœurs & les manieres dans l'état despotique; rien ne seroit plus promptement suivi d'une révolution. C'est que dans ces états il n'y a point de loix, pour ainsi dire; il n'y a que des mœurs & des manieres : & si vous renversez cela, vous renversez tout.

Les loix sont établies, les mœurs sont inspirées; celles-ci tiennent plus à l'esprit général, celles-là tiennent plus à une institution particuliere : or il est aussi dangereux, & plus, de renverser l'esprit général, que de changer une institution particuliere.

On se communique moins dans les pays où chacun, & comme supérieur & comme inférieur, exerce & souffre un pouvoir arbitraire, que dans ceux où la liberté regne dans toutes les conditions. On y change donc moins de manieres & de mœurs ; les manieres plus fixes approchent plus des loix : ainſi il faut qu'un prince ou un légiſlateur y choque moins les mœurs & les manieres que dans aucun pays du monde.

Les femmes y ſont ordinairement enfermées, & n'ont point de ton à donner. Dans les autres pays où elles vivent avec les hommes, l'envie qu'elles ont de plaire, & le deſir que l'on a de leur plaire auſſi, font que l'on change continuellement de manieres. Les deux ſexes ſe gâtent, ils perdent l'un & l'autre leur qualité diſtinctive & eſſentielle ; il ſe met un arbitraire dans ce qui étoit abſolu, & les manieres changent tous les jours.

## CHAPITRE XIII.

### Des manieres chez les Chinois.

MAIS c'eſt à la Chine que les manieres ſont indeſtructibles. Outre que les femmes y ſont abſolument ſéparées des hommes, on enſeigne dans les écoles les manieres comme les mœurs. On connoît un lettré (a) à la façon aiſée dont il fait la révérence. Ces choſes une fois

(a) Dit le P. du Halde.

Liv.

données en préceptes & par de graves
docteurs, s'y fixent comme des principes de morale, & ne changent plus.

---

## CHAPITRE XIV.

*Quels sont les moyens naturels de changer les mœurs & les manieres d'une nation.*

Nous avons dit que les loix étoient
des institutions particulieres & précises
du légiflateur, & les mœurs & les manieres des institutions de la nation en
général. De-là il suit que, lorfque l'on
veut changer les mœurs & les manieres,
il ne faut pas les changer par les loix ;
cela paroîtroit trop tyrannique : il vaut
mieux les changer par d'autres mœurs
& d'autres manieres.

Ainfi, lorfqu'un prince veut faire de
grands changemens dans sa nation, il
faut qu'il réforme par les loix ce qui est
établi par les loix, & qu'il change par
les manieres ce qui est établi par les manieres : & c'est une très-mauvaife politique, de changer par les loix ce qui doit
être changé par les manieres.

La loi qui obligeoit les Mofcovites à

ſe faire couper la barbe & les habits, &
la violence de Pierre I, qui faiſoit tailler
juſqu'aux genoux les longues robes de
ceux qui entroient dans les villes, étoient
tyranniques. Il y a des moyens pour empêcher les crimes, ce ſont les peines : il
y en a pour faire changer les manieres,
ce ſont les exemples.

La facilité & la promptitude avec laquelle cette nation s'eſt policée, a bien
montré que ce prince avoit trop mauvaiſe opinion d'elle ; & que ces peuples n'étoient pas des bêtes, comme il
le diſoit. Les moyens violens qu'il employa étoient inutiles ; il ſeroit arrivé
tout de même à ſon but par la douceur.

Il éprouva lui-même la facilité de ces
changemens. Les femmes étoient ren-
fermées, & en quelque façon eſclaves ;
il les appella à la cour, il les fit habiller
à l'Allemande, il leur envoyoit des
étoffes. Ce ſexe goûta d'abord une façon
de vivre qui flattoit ſi fort ſon goût, ſa
vanité & ſes paſſions, & la fit goûter
aux hommes.

Ce qui rendit le changement plus aiſé, c'eſt que les mœurs d'alors étoient
étrangeres au climat, & y avoient été

I v

apportées par le mêlange des nations & par les conquêtes. Pierre I donnant les mœurs & les manieres de l'Europe à une nation d'Europe, trouva des facilités qu'il n'attendoit pas lui-même. L'empire du climat est le premier de tous les empires. Il n'avoit donc pas besoin de loix pour changer les mœurs & les manieres de sa nation ; il lui eût suffi d'inspirer d'autres mœurs & d'autres manieres.

En général, les peuples sont très-attachés à leurs coutumes ; les leur ôter violemment, c'est les rendre malheureux : il ne faut donc pas les changer, mais les engager à les changer eux-mêmes.

Toute peine qui ne dérive pas de la nécessité est tyrannique. La loi n'est pas un pur acte de puissance ; les choses indifférentes par leur nature ne sont pas de son ressort.

## CHAPITRE XV.

### Influence du gouvernement domestique sur le politique.

CE changement des mœurs des femmes influera sans doute beaucoup dans

le gouvernement de Moscovie. Tout
est extrémement lié : le despotisme du
prince s'unit naturellement avec la servitude des femmes ; la liberté des femmes avec l'esprit de la monarchie.

## CHAPITRE XVI.

*Comment quelques législateurrs ont con-*
*fondu les principes qui gouvernent les*
*hommes.*

L E s mœurs & les manieres sont des
usages que les loix n'ont point établis,
ou n'ont pas pu, ou n'ont pas voulu
établir.

Il y a cette différence entre les loix
& les mœurs, que les loix réglent plus
les actions du citoyen, & que les mœurs
réglent plus les actions de l'homme. Il
y a cette différence entre les mœurs &
les manieres, que les premieres regardent plus la conduite intérieure, les autres l'extérieure.

Quelquefois, dans un état, ces choses (*a*) se confondent. Lycurgue fit un
même code pour les loix, les mœurs &

(*a*) Moïse fit un même code pour les loix & la religion. Les premiers Romains confondirent les coutumes anciennes avec les loix.

I vj

les manieres; & les légiſlateurs de la
Chine en firent de même.

Il ne faut pas être étonné ſi les légiſlateurs de Lacédémone & de la Chine
confondirent les loix, les mœurs & les
manieres : c'eſt que les mœurs repréſen-
tent les loix, & les manieres repréſen-
tent les mœurs.

Les légiſlateurs de la Chine avoient
pour principal objet de faire vivre leur
peuple tranquille. Ils voulurent que les
hommes ſe reſpectaſſent beaucoup ; que
chacun ſentît à tous les inſtans qu'il devoit beaucoup aux autres, qu'il n'y avoit
point de citoyen qui ne dépendît à quelqu'égard d'un autre citoyen : Ils donnerent donc aux régles de la civilité la plus
grande étendue.

Ainſi, chez les peuples Chinois, on vit
les gens (a) de village obſerver entr'eux
des cérémonies comme les gens d'une
condition relevée: moyen très-propre à
inſpirer la douceur, à maintenir parmi le
peuple la paix & le bon ordre, & à ôter
tous les vices qui viennent d'un eſprit
dur. En effet, s'affranchir des régles
de la civilité, n'eſt-ce pas chercher le
moyen de mettre ſes défauts plus à l'aiſe?

(a) Voyez le P. *du Halde*,

La civilité vaut mieux à cet égard que la politeffe. La politeffe flatte les vices des autres, & la civilité nous empêche de mettre les nôtres au jour : c'eft une barriere que les hommes mettent en-tr'eux pour s'empêcher de fe corrompre.

Lycurgue, dont les inftitutions étoient dures, n'eut point la civilité pour objet lorfqu'il forma les manieres ; il eut en vue cet efprit belliqueux qu'il vouloit donner à fon peuple. Des gens toujours corrigeans, ou toujours corrigés, qui inftruifoient toujours, & étoient toujours inftruits, également fimples & rigides., exerçoient plutôt entr'eux des vertus qu'ils n'avoient des égards.

---

## CHAPITRE XVII.

### *Propriété particuliere au gouvernement de la Chine.*

LES légiflateurs de la Chine firent plus (*a*) : ils confondirent la religion, les loix, les mœurs & les manieres ; tout cela fut la morale, tout cela fut la vertu. Les préceptes qui regardoient

(*a*) Voyez les livres claffiques, dont le P, *du Hal-de* nous a donné de fi beaux morceaux.

ces quatre points, furent ce que l'on appella les rites. Ce fut dans l'observation exacte de ces rites, que le gouvernement Chinois triompha. On passa toute sa jeunesse à les apprendre, toute sa vie à les pratiquer. Les lettrés les enseignerent, les magistrats les prêcherent. Et comme ils enveloppoient toutes les petites actions de la vie, lorsqu'on trouva le moyen de les faire observer exactement, la Chine fut bien gouvernée.

Deux choses ont pu aisément graver les rites dans le cœur & l'esprit des Chinois; l'une, leur maniere d'écrire extrémement composée, qui a fait que, pendant une très-grande partie de la vie, l'esprit a été uniquement ( a ) occupé de ces rites, parce qu'il a fallu apprendre à lire dans les livres, & pour les livres qui les contenoient; l'autre, que les préceptes des rites n'ayant rien de spirituel, mais simplement des régles d'une pratique commune, il est plus aisé d'en convaincre & d'en frapper les esprits, que d'une chose intellectuelle.

Les princes qui, au lieu de gouverner par les rites, gouvernerent par la

(a) C'est ce qui a établi l'émulation, la fuite de l'oisiveté, & l'estime pour le sçavoir.

force des fupplices, voulurent faire faire aux fupplices ce qui n'eft pas dans leur pouvoir, qui eft de donner des mœurs. Les fupplices retrancheront bien de la fociété un citoyen qui, ayant perdu fes mœurs, viole les loix : mais fi tout le monde a perdu fes mœurs, les rétabliront-ils ? Les fupplices arrêteront bien plufieurs conféquences du mal général, mais ils ne corrigeront pas ce mal. Auffi quand on abandonna les principes du gouvernement Chinois, quand la morale y fut perdue, l'état tomba-t'il dans l'anarchie, & on vit des révolutions.

## CHAPITRE XVIII.

### Conféquence du chapitre précédent.

IL réfulte de-là que la Chine ne perd point fes loix par la conquête. Les manieres, les mœurs, les loix, la religion y étant la même chofe, on ne peut changer tout cela à la fois. Et comme il faut que le vainqueur ou le vaincu changent, il a toujours fallu à la Chine que ce fût le vainqueur : car fes mœurs n'étant point fes manieres, fes manieres fes loix, fes loix fa religion, il a été plus aifé

qu'il fe pliât peu à peu au peuple vaincu, que le peuple vaincu à lui.

Il fuit encore de-là une chofe bien
trifte : c'eft qu'il n'eft prefque pas poffible que le Chriftianifme s'établiffe jamais
à la Chine (a). Les vœux de virginité,
les affemblées des femmes dans les égli-
fes, leur communication néceffaire avec
les miniftres de la religion, leur participation aux facremens, la confeffion au-
riculaire, l'extrême-onction, le mariage
d'une feule femme ; tout cela renverfe
les mœurs & les manieres du pays, &
frappe encore du même coup fur la religion & fur les loix.

La religion Chrétienne, par l'établiffement de la charité, par un culte public, par la participation aux mêmes facremens, femble demander que tout
s'uniffe : les rites des Chinois femblent
ordonner que tout fe fépare.

Et comme on a vu que cette féparation (b) tient en général à l'efprit du
defpotifme, on trouvera dans ceci une
des raifons qui font que le gouverne-

_____

(a) Voyez les raifons données par les magiftrats
Chinois, dans les décrets par lefquels ils profcrivent
la religion Chrétienne. Let. édif. dix-feptiéme recueil.
(b) Voyez le liv. IV, ch. III ; & le liv. XIX, ch.
XII.

ment monarchique & tout gouvernement modéré s'allient mieux ( *a* ) avec
la religion Chrétienne.

(*a*) Voyez ci-deſſous le liv. XXIV, ch. III.

## CHAPITRE XIX.

*Comment s'eſt faite cette union de la re-
ligion. des loix . des mœurs & des
manieres . che₂ les Chinois.*

L e s légiſlateurs de la Chine eurent
pour principal objet. du gouvernement
la tranquillité de l'empire. La ſubor-
dination leur parut le moyen le plus
propre à la maintenir. Dans cette idée,
ils crurent devoir inſpirer le reſpect pour
les peres, & ils raſſemblerent toutes
leurs forces pour cela. Ils établirent une
infinité de rites & de cérémonies, pour
les honorer pendant leur vie & après
leur mort. Il étoit impoſſible de tant
honorer les peres morts, ſans être porté
à les honorer vivans. Les cérémonies
pour les peres morts avoient plus de
rapport à la religion ; celles pour les
peres vivans avoient plus de rapport
aux loix, aux mœurs & aux manieres :
mais ce n'étoit que les parties d'un mê-

me code, & ce code étoit très-étendu.

Le respect pour les peres étoit nécessairement lié avec tout ce qui représentoit les peres, les vieillards, les maîtres, les magistrats, l'empereur. Ce respect pour les peres supposoit un retour d'amour pour les enfans; & par conséquent le même retour des vieillards aux jeunes gens, des magistrats à ceux qui leur étoient soumis, de l'empereur à ses sujets. Tout cela formoit les rites, & ces rites l'esprit général de la nation.

On va sentir le rapport que peuvent avoir, avec la constitution fondamentale de la Chine, les choses qui paroissent les plus indifférentes. Cet empire est formé sur l'idée du gouvernement d'une famille. Si vous diminuez l'autorité paternelle, ou même si vous retranchez les cérémonies qui expriment le respect que l'on a pour elle, vous affoiblissez le respect pour les magistrats qu'on regarde comme des peres; les magistrats n'auront plus le même soin pour les peuples qu'ils doivent considérer comme des enfans; ce rapport d'amour qui est entre le prince & les sujets, se perdra aussi peu à peu. Retranchez une de ces pratiques, & vous ébranlez l'état. Il est

fort indifférent en foi, que tous les ma-
tins une belle-fille fe leve pour aller
rendre tels & tels devoirs à fa belle-mere:
mais fi l'on fait attention que ces pratiques extérieures rappellent fans ceffe à
un fentiment qu'il eft néceffaire d'im-
primer dans tous les cœurs, & qui va
de tous les cœurs former l'efprit qui
gouverne l'empire, l'on verra qu'il eft
néceffaire qu'une telle ou une telle action particulière fe faffe.

## CHAPITRE XX.

### Explication d'un paradoxe fur les Chinois.

CE qu'il y a de fingulier, c'eft que les
Chinois, dont la vie eft entiérement di-
rigée par les rites, font néanmoins le
peuple le plus fourbe de la terre. Cela
paroît furtout dans le commerce, qui
n'a jamais pu leur infpirer la bonne foi
qui lui eft naturelle. Celui qui achete
doit porter ( *a* ) fa propre balance; chaque marchand en ayant trois, une forte
pour acheter, une légere pour vendre,

(a) Journal de Lange en 1721 & 1722 ; tom. VIII
des voyages du nord, p. 363.

& une juste pour ceux qui sont sur leurs gardes. Je crois pouvoir expliquer cette contradiction.

Les légiflateurs de la Chine ont eu deux objets : ils ont voulu que le peuple fût foumis & tranquille ; & qu'il fût laborieux & induftrieux. Par la nature du climat & du terrein, il a une vie précaire ; on n'y eft affuré de fa vie qu'à force d'induftrie & de travail.

Quand tout le monde obéit & que tout le monde travaille, l'état eft dans une heureufe fituation. C'eft la néceffité, & peut-être la nature du climat, qui ont donné à tous les Chinois une avidité inconcevable pour le gain ; & les loix n'ont pas fongé à l'arrêter. Tout a été défendu, quand il a été queftion d'acquérir par violence ; tout a été permis, quand il s'eft agi d'obtenir par artifice ou par induftrie. Ne comparons donc pas la morale des Chinois avec celle de l'Europe. Chacun à la Chine a dû être attentif à ce qui lui étoit utile : fi le fripon a veillé à fes intérêts, celui qui eft dupe devoit penfer aux fiens. A Lacédémone, il étoit permis de voler ; à la Chine, il eft permis de tromper.

## CHAPITRE XXI.

*Comment les loix doivent être relatives aux mœurs & aux manieres.*

IL n'y a que des inftitutions fingulieres qui confondent ainfi des chofes natu- rellement féparées, les loix, les mœurs & les manieres : mais quoiqu'elles foient féparées, elles ne laiffent pas d'avoir entr'elles de grands rapports.

On demanda à *Solon* fi les loix qu'il avoit données aux Athéniens étoient les meilleures. » Je leur ai donné, répon- dit-il, les meilleures de celles qu'ils pouvoient fouffrir « : belle parole, qui devroit être entendue de tous les légif- lateurs. Quand la fageffe divine dit au peuple Juif : » Je vous ai donné des préceptes qui ne font pas bons « , cela fignifie qu'ils n'avoient qu'une bonté re- lative ; ce qui eft l'éponge de toutes les difficultés que l'on peut faire fur les loix de Moïfe.

## CHAPITRE XXII.

### Continuation du même sujet.

QUAND un peuple a de bonnes mœurs, les loix deviennent simples. *Platon* (a) dit que Radamante, qui gouvernoit un peuple extrémement religieux, expédioit tous les procès avec célérité, déférant seulement le serment sur chaque chef. Mais, dit le même *Platon* (b), quand un peuple n'est pas religieux, on ne peut faire usage du serment que dans les occasions où celui qui jure est sans intérêt, comme un juge & des témoins.

(a) Des loix, liv. XII.
(b) *Ibid.*

## CHAPITRE XXIII.

### Comment les loix suivent les mœurs.

DANS le temps que les mœurs des Romains étoient pures, il n'y avoit point de loi particuliere contre le péculat. Quand ce crime commença à paroître, il fut trouvé si infâme, que d'être condamné à restituer (*a*) ce qu'on avoit pris, fut regardé comme une grande peine ; témoin le jugement de L. Scipion (*b*).

(*a*) *In simplum.*
(*b*) Tite-Live, liv. XXXVIII.

## CHAPITRE XXIV.

### Continuation du même sujet.

LES loix qui donnent la tutelle à la mere, ont plus d'attention à la conservation de la personne du pupile ; celles qui la donnent au plus proche héritier, ont plus d'attention à la conservation des biens. Chez les peuples dont les mœurs font corrompues, il vaut mieux donner la tutelle à la mere. Chez ceux où les loix doivent avoir de la confiance dans les mœurs des citoyens, on donne la tutelle à l'héritier des biens, ou à la mere, & quelquefois à tous les deux.

Si l'on réfléchit sur les loix Romaines, on trouvera que leur esprit est conforme à ce que je dis. Dans le temps où l'on fit la loi des douze tables, les mœurs à Rome étoient admirables. On déféra la tutelle au plus proche parent du pupile, pen-

fant que celui-là devoit avoir la charge
de la tutelle, qui pouvoit avoir l'avantage de la fucceſſion. On ne crut point la
vie du pupile en danger, quoiqu'elle fût
miſe entre les mains de celui à qui ſa
mort devoit être utile. Mais lorſque les
mœurs changerent à Rome, on vit les
légiſlateurs changer auſſi de façon de
penſer. Si dans la ſubſtitution pupillaire,
diſent *Caïus* (a) & *Juſtinien* (b), le teſta-
teur craint que le ſubſtitué ne dreſſe des
embuches au pupile, il peut laiſſer à découvert la ſubſtitution vulgaire (c), &
mettre la pupillaire dans une partie du
teſtament qu'on ne pourra ouvrir qu'a-
près un certain temps. Voilà des craintes & des précautions inconnues aux
premiers Romains.

(a) Inſt. liv. II, tit. 6, §. 2 ; la compilation d'O-
rel, à Leyde, 1658.
(b) Inſtitut. liv. II, *de pupil. ſubſtit.* §. 3.
(c) La ſubſtitution vulgaire eſt ; Si un tel ne prend
pas l'hérédité, je lui ſubſtitue, &c. La pupillaire eſt : y.
Si un tel meurt avant ſa puberté, je lui ſubſtitue, &c.

CHAPITRE

## CHAPITRE XXV.

*Continuation du même sujet.*

LA loi Romaine donnoit la liberté de de se faire des dons avant le mariage ; après le mariage elle ne le permettoit plus. Cela étoit fondé sur les mœurs des Romains, qui n'étoient portés au mariage que par la frugalité, la simplicité & la modestie ; mais qui pouvoient se laisser séduire par les soins domestiques, les complaisances & le bonheur de toute une vie.

La loi des Wisigoths (a) vouloit que l'époux ne pût donner à celle qu'il devoit épouser, au-delà du dixiéme de ses biens ; & qu'il ne pût lui rien donner la premiere année de son mariage. Cela venoit encore des mœurs du pays. Les législateurs vouloient arrêter cette jactance Espagnole, uniquement portée à faire des libéralités excessives dans une action d'éclat.

Les Romains, par leurs loix, arrêterent quelques inconvéniens de l'empire du monde le plus durable, qui est ce-

(a) Liv. III, tit. 1, §. 5.

Tome II.                                      K

cette nation devroient avoir un grand rapport à fes loix.

Comme il y auroit dans cet état deux pouvoirs vifibles, la puiffance légiflative & l'exécutrice; & que tout citoyen y auroit fa volonté propre, & feroit valoir à fon gré fon indépendance; la plupart des gens auroient plus d'affection pour une de ces puiffances que pour l'autre, le grand nombre n'ayant pas ordinairement affez d'équité ni de fens pour les affectionner également toutes les deux.

Et comme la puiffance exécutrice, difpofant de tous les emplois, pourroit donner de grandes efpérances & jamais de craintes : tous ceux qui obtiendroient d'elle feroient portés à fe tourner de fon côté, & elle pourroit être attaquée par tous ceux qui n'en efpéreroient rien.

Toutes les paffions y étant libres, la haine, l'envie, la jaloufie, l'ardeur de s'enrichir & de fe diftinguer, paroîtroient dans toute leur étendue; & fi cela étoit autrement, l'état feroit comme un homme abbattu par la maladie, qui n'a point de paffions, parce qu'il n'a point de forces.

La haine qui feroit entre les deux partis dureroit, parce qu'elle feroit toujours impuiffante.

Ces partis étant compofés d'hommes libres, fi l'un prenoit trop le deffus, l'effet de la liberté feroit que celui-ci feroit abbaiffé, tandis que les citoyens, comme les mains qui fecourent le corps, viendroient relever l'autre.

Comme chaque particulier toujours indépendant fuivroit beaucoup fes caprices & fes fantaifies, on changeroit fouvent de parti; on en abandonneroit un où l'on laifferoit tous fes amis, pour fe lier à un autre dans lequel on trouveroit tous fes ennemis; & fouvent, dans cette nation, on pourroit oublier les loix de l'amitié & celles de la haine.

Le monarque feroit dans le cas des particuliers; & contre les maximes ordinaires de la prudence, il feroit fouvent obligé de donner fa confiance à ceux qui l'auroient le plus choqué, & de difgracier ceux qui l'auroient le mieux fervi, faifant par néceffité ce que les autres princes font par choix.

On craint de voir échapper un bien que l'on fent, que l'on ne connoît guere, & qu'on peut nous déguifer; & la crainte groffit toujours les objets. Le peuple feroit inquiet fur fa fituation, & croiroit être en danger dans les momens même les plus furs.

D'autant mieux que ceux qui s'oppoferoient le plus vivement à la puiffance exécutrice, ne pouvant avouer les motifs intéreffés de leur oppofition, ils augmenteroient les terreurs du peuple, qui ne fçauroit jamais au jufte s'il feroit en danger ou non. Mais cela même contribueroit à lui faire éviter les vrais périls où il pourroit dans la fuite être expofé.

Mais le corps légiflatif ayant la confiance du peuple, & étant plus éclairé que lui; il pourroit le faire revenir des mauvaifes impreffions qu'on lui auroit données, & calmer ces mouvemens.

C'eft le grand avantage qu'auroit ce gouvernement fur les démocraties anciennes, dans lefquelles le peuple avoit une puiffance immédiate ; car lorfque des orateurs l'agitoient, ces agitations avoient toujours leur effet.

Ainfi quand les terreurs imprimées n'auroient point d'objet certain, elles ne produiroient que de vaines clameurs & des injures : & elles auroient même ce bon effet, qu'elles tendroient tous les ressorts du gouvernement, & rendroient tous les citoyens attentifs. Mais si elles naissoient à l'occasion du renversement des loix fondamentales, elles seroient sourdes, funestes, atroces, & produiroient des catastrophes.

Bientôt on verroit un calme affreux, pendant lequel tout se réuniroit contre la puissance violatrice des loix.

Si, dans le cas où les inquiétudes n'ont pas d'objet certain, quelque puissance étrangere menaçoit l'état, & le mettoit en danger de sa fortune ou de sa gloire ; pour lors, les petits intérêts cédant aux plus grands, tout se réuniroit en faveur de la puissance exécutrice.

Que si les disputes étoient formées à l'occasion de la violation des loix fondamentales, & qu'une puissance étrangere parût ; il y auroit une révolution qui ne changeroit pas la forme du gouvernement, ni sa constitution : car les révolutions que forme la liberté ne font qu'une confirmation de la liberté.

Une nation libre peut avoir un libérateur ; une nation subjuguée ne peut avoir qu'un autre oppresseur.

. Car tout homme qui a affez de force pour chaffer celui qui eft déja le maître abfolu dans un état, en a affez pour le devenir lui-même.

Comme, pour jouir de la liberté, il faut que chacun puiffe dire ce qu'il penfe; & que, pour la conferver, il faut encore que chacun puiffe dire ce qu'il penfe; un citoyen, dans cet état, diroit & écriroit tout ce que les loix ne lui ont pas défendu expreffément de dire, ou d'écrire.

Cette nation, toujours échauffée, pourroit plus aifément être conduite par fes paffions que par la raifon, qui ne produit jamais de grands effets fur l'efprit des hommes; & il feroit facile à ceux qui la gouverneroient, de lui faire faire des entreprifes contre fes véritables intérêts.

Cette nation aimeroit prodigieufement fa liberté, parce que cette liberté feroit vraie: & il pourroit arriver que, pour la défendre, elle facrifieroit fon bien, fon aifance, fes intérêts; qu'elle fe chargeroit des impôts les plus durs, & tels que le prince le plus abfolu n'oferoit les faire fupporter à fes fujets.

Mais comme elle auroit une con-

noiffance certaine de la néceffité de s'y
foumettre, qu'elle payeroit dans l'efpérance bien fondée de ne payer plus ;
les charges y feroient plus pefantes que
le fentiment de ces charges : au lieu
qu'il y a des états où le fentiment eft infiniment au-deffus du mal.

Elle auroit un crédit fûr, parce qu'elle emprunteroit à elle-même, & fe paie-
roit elle-même. Il pourroit arriver qu'elle entreprendroit au-deffus de fes forces
naturelles, & feroit valoir contre fes
ennemis des immenfes richeffes de fiction, que la confiance & la nature de
fon gouvernement rendroient réelles.

Pour conferver fa liberté, elle emprunteroit de fes fujets ; & fes fujets, qui
verroient que fon crédit feroit perdu fi
elle étoit conquife, auroient un nouveau
motif de faire des efforts pour défendre
fa liberté.

Si cette nation habitoit une ifle, elle
ne feroit point conquérante, parce que
des conquêtes féparées l'affoibliroient.
Si le terrein de cette ifle étoit bon, elle
le feroit encore moins, parce qu'elle
n'auroit pas befoin de la guerre pour
s'enrichir. Et comme aucun citoyen ne
dépendroit d'un autre citoyen, chacun

feroit plus de cas de fa liberté , que de la
gloire de quelques citoyens , ou d'un
feul.

Là on regarderoit les hommes de
guerre comme des gens d'un métier qui
peut être utile & fouvent dangereux,
comme des gens dont les fervices font
laborieux pour la nation même ; & les
qualités civiles y feroient plus confidé-
rées.

Cette nation , que la paix & la liberté
rendroient aifée , affranchie des préjugés
deftructeurs , feroit portée à devenir
commerçante. Si elle avoit quelqu'une
de ces marchandifes primitives qui fervent à faire de ces chofes aufquelles la
main de l'ouvrier donne un grand prix ,
elle pourroit faire des établiffemens propres à fe procurer la jouiffance de ce don
du ciel dans toute fon étendue.

Si cette nation étoit fituée vers le
nord , & qu'elle eût un grand nombre dé
denrées fuperflues ; comme elle manque-
roit auffi d'un grand nombre de marchandifes que fon climat lui refuferoit ,
elle feroit un commerce néceffaire, mais
grand, avec les peuples du midi : &
choififfant les états qu'elle favoriferoit
d'un commerce avantageux , elle feroit

des traités réciproquement utiles avec la nation qu'elle auroit choisie.

Dans un état où d'un côté l'opulence seroit extrême, & de l'autre les impôts excessifs, on ne pourroit guere vivre sans industrie avec une fortune bornée. Bien des gens, sous prétexte de voyages ou de santé, s'exileroient de chez eux, & iroient chercher l'abondance dans les pays de la servitude même.

Une nation commerçante a un nombre prodigieux de petits intérêts particuliers ; elle peut donc choquer & être choquée d'une infinité de manieres. Celle-ci deviendroit souverainement jalouse ; & elle s'affligeroit plus de la prospérité des autres, qu'elle ne jouiroit de la sienne.

Et ses loix, d'ailleurs douces & faciles, pourroient être si rigides à l'égard du commerce & de la navigation qu'on feroit chez elle, qu'elle sembleroit ne négocier qu'avec des ennemis.

Si cette nation envoyoit au loin des colonies, elle le feroit plus pour étendre son commerce que sa domination.

Comme on aime à établir ailleurs ce qu'on trouve établi chez soi, elle donneroit aux peuples de ses colonies la

K vj

forme de fon gouvernement propre : & ce gouvernement portant avec lui la profpérité , on verroit fe former de grands peuples dans les forêts mêmes qu'elle enverroit habiter.

Il pourroit être qu'elle auroit autrefois fubjugué une nation voifine , qui, par fa fituation, la bonté de fes ports, la nature de fes richeffes , lui donneroit de la jaloufie : ainfi, quoiqu'elle lui eût donné fes propres loix , elle la tiendroit dans une grande dépendance, de façon que les citoyens y feroient libres, & que l'état lui-même feroit efclave.

L'état conquis auroit un très-bon gouvernement civil ; mais il feroit accablé par le droit des gens : & on lui impoferoit des loix de nation à nation, qui feroient telles, que fa profpérité ne feroit que précaire & feulement en dépôt pour un maître.

La nation dominante habitant une grande ifle , & étant en poffeffion d'un grand commerce, auroit toutes fortes de facilités pour avoir des forces de mer : & comme la confervation de fa liberté demanderoit qu'elle n'eût ni places, ni fortereffes, ni armées de terre, elle auroit befoin d'une armée de mer qui la garan-

tît des invasions ; & sa marine seroit su-
périeure à celle de toutes les autres puissances, qui, ayant besoin d'employer
leurs finances pour la guerre de terre,
n'en auroient plus assez pour la guerre de
mer.

L'empire de la mer a toujours donné
aux peuples qui l'ont possédé, une fierté
naturelle ; parce que, se sentant capables
d'insulter partout, ils croient que leur
pouvoir n'a pas plus de bornes que l'o-
céan.

Cette nation pourroit avoir une grande influence dans les affaires de ses voisins. Car, comme elle n'emploieroit pas
sa puissance à conquérir, on recherche-
roit plus son amitié, & l'on craindroit
plus sa haine, que l'inconstance de son
gouvernement & son agitation intérieure
ne sembleroit le promettre.

Ainsi ce seroit le destin de la puissance
exécutrice, d'être presque toujours in-
quiétée au-dedans, & respectée au dehors.

S'il arrivoit que cette nation devînt en
quelques occasions le centre des négociations de l'Europe, elle y porteroit un
peu plus de probité & de bonne foi que
les autres ; parce que ses ministres étant

souvent obligés de juſtifier leur conduite devant un conſeil populaire, leurs négociations ne pourroient être ſecrettes, & ils ſeroient forcés d'être à cet égard un peu plus honnêtes-gens.

De plus, comme ils ſeroient en quelque façon garans des événemens qu'une conduite détournée pourroit faire naître, le plus ſûr pour eux ſeroit de prendre le plus droit chemin.

Si les nobles avoient eu dans de certains temps un pouvoir immodéré dans la nation, & que le monarque eût trouvé le moyen de les abbaiſſer en élevant le peuple; le point de l'extrême ſervitude auroit été entre le moment de l'abbaiſſement des grands, & celui où le peuple auroit commencé à ſentir ſon pouvoir.

Il pourroit être que cette nation ayant été autrefois ſoumiſe à un pouvoir arbitraire, en auroit en pluſieurs occaſions conſervé le ſtile; de maniere que, ſur le fonds d'un gouvernement libre, on verroit ſouvent la forme d'un gouvernement abſolu.

A l'égard de la religion, comme dans cet état chaque citoyen auroit ſa volonté propre, & ſeroit par conſéquent conduit par ſes propres lumieres, ou ſes fantai-

fies ; il arriveroit, ou·que chacun auroit
beaucoup d'indifférence pour toutes fortes de religions de quelqu'efpece qu'elles fuffent, moyennant quoi tout le monde feroit porté à embraffer la religion
dominante ; ou que l'on feroit zélé pour
la religion en général, moyennant quoi
les fectes fe multiplieroient.

Il ne feroit pas impoffible qu'il y eût
dans cette nation des gens qui n'auroient
point de religion, & qui ne voudroient
pas cependant fouffrir qu'on les obligeât
à changer celle qu'ils auroient s'ils en
avoient une : car ils fentiroient d'abord,
que la vie & les biens ne font pas plus
à eux que leur maniere de penfer ; & que
qui peut ravir l'un, peut encore mieux
ôter l'autre.

Si parmi les différentes religions il y en
avoit une à l'établiffement de laquelle on
eût tenté de parvenir par la voie de l'efclavage, elle y feroit odieufe ; parce que,
comme nous jugeons des chofes par les
liaifons & les acceffoires que nous y met-
tons, celle-ci ne fe préfenteroit jamais à
l'efprit avec l'idée de liberté.

Les loix contre ceux qui profefferoient
cette religion, ne feroient point fangui-
naires ; car la liberté n'imagine point ces

fortes de peines : mais elles feroient fi réprimantes , qu'elles feroient tout le le mal qui peut fe faire de fang-froid.

Il pourroit arriver de mille manieres, que le clergé auroit fi peu de crédit, que les autres citoyens en auroient davantage. Ainfi, au lieu de fe féparer, il aimeroit mieux fupporter les mêmes charges que les laïques, & ne faire à cet égard qu'un même corps : mais comme il chercheroit toujours à s'attirer le refpeſt du peuple, il fe diftingueroit par une vie plus retirée, une conduite plus réfervée, & des mœurs plus pures.

Ce clergé ne pouvant protéger la religion ni être protégé par elle, fans force pour contraindre, chercheroit à perfuader : on verroit fortir de fa plume de très-bons ouvrages, pour prouver la révélation & la providence du grand être.

Il pourroit arriver qu'on éluderoit fes affemblées, & qu'on ne voudroit pas lui permettre de corriger fes abus mêmes ; & que, par un délire de la liberté, on aimeroit mieux laiffer fa réforme imparfaite, que de fouffrir qu'il fût réformateur.

Les dignités faifant partie de la conftitution fondamentale, feroient plus fixes qu'ailleurs : mais d'un autre côté, les grands, dans ce pays de liberté, s'approcheroient plus du peuple ; les rangs seroient donc plus séparés, & les personnes plus confondues.

Ceux qui gouvernent ayant une puissance qui se remonte, pour ainsi dire, & se refait tous les jours, auroient plus d'égards pour ceux qui leur sont utiles, que pour ceux qui les divertissent : ainsi on y verroit peu de courtisans, de flatteurs, de complaisans, enfin de toutes ces sortes de gens qui font payer aux grands le vuide même de leur esprit.

On n'y estimeroit guere les hommes par des talens ou des attributs frivoles, mais par des qualités réelles ; & de ce genre il n'y en a que deux, les richesses & le mérite personnel.

Il y auroit un luxe solide, fondé, non pas sur le rafinement de la vanité, mais sur celui des besoins réels ; & l'on ne chercheroit guere dans les choses que les plaisirs que la nature y a mis.

On y jouiroit d'un grand superflu, & cependant les choses frivoles y seroient proscrites : ainsi plusieurs ayant plus de bien que d'occasions de dépense, l'emploieroient d'une maniere bizarre : &

dans cette nation, il y auroit plus d'efprit que de goût.

Comme on feroit toujours occupé de
fes intérêts, on n'auroit point cette politeſſe qui eſt fondée ſur l'oiſiveté; & réellement on n'en auroit pas le temps.

L'époque de la politeſſe des Romains
eſt la même que celle de l'établiſſement
du pouvoir arbitraire. Le gouvernement
abſolu produit l'oiſiveté; & l'oiſiveté
fait naître la politeſſe.

Plus il y a de gens dans une nation qui
ont beſoin d'avoir des ménagemens entr'eux & de ne pas déplaire, plus il y a de
politeſſe. Mais c'eſt plus la politeſſe des
mœurs que celle des manieres, qui doit
nous diſtinguer des peuples barbares.

Dans une nation où tout homme à
ſa maniere prendroit part à l'adminiſtra-
tion de l'état, les femmes ne devroient
guere vivre avec les hommes. Elles ſeroient donc modeſtes, c'eſt-à-dire, timides: cette timidité feroit leur vertu,
tandis que les hommes ſans galanterie ſe
jetteroient dans une débauche qui leur
laiſſeroit toute leur liberté & leur loiſir.

Les loix n'y étant pas faites pour un
particulier plus que pour un autre, chacun ſe regarderoit comme monarque; &

les hommes, dans cette nation, feroient plutôt des confédérés, que des conci-toyens.

Si le climat avoit donné à bien des gens un efprit inquiet & des vues étendues, dans un pays où la conftitution donneroit à tout le monde une part au gouvernement & des intérêts politiques, on parleroit beaucoup de politique ; on verroit des gens qui pafferoient leur vie à calculer des événemens, qui, vu la nature des chofes & le caprice de la fortune, c'eft-à-dire des hommes, ne font guere foumis au calcul.

Dans une nation libre, il eft très-fouvent indifférent que les particuliers raifonnent bien ou mal ; il fuffit qu'ils raifonnent : de-là fort la liberté qui garantit des effets de ces mêmes raifonnemens.

De même, dans un gouvernement defpotique, il eft également pernicieux qu'on raifonne bien ou mal ; il fuffit qu'on raifonne, pour que le principe du gouvernement foit choqué.

Bien des gens qui ne fe foucieroient de plaire à perfonne, s'abandonneroient à leur humeur ; la plupart, avec de l'efprit, feroient tourmentés par leur efprit même : dans le dédain ou le dégoût de toutes chofes, ils feroient malheureux avec tant de fujets de ne l'être pas.

Aucun citoyen ne craignant aucun citoyen, cette nation feroit fiere ; car la fierté des rois n'eft fondée que fur leur indépendance.

Les nations libres font fuperbes, les autres peuvent plus aifément être vaines.

Mais ces hommes fi fiers vivant beaucoup avec eux-mêmes, fe trouveroient fouvent au milieu de gens inconnus ; ils feroient timides, & l'on verroit en eux la plupart du temps un mélange bizarre de mauvaife honte & de fierté.

Le caractere de la nation paroîtroit furtout dans leurs ouvrages d'efprit, dans lefquels on verroit des gens recueillis, & qui auroient penfé tout feuls.

La fociété nous apprend à fentir les ridicules ; la retraite nous rend plus propres à fentir les vices. Leurs écrits fatiriques feroient fanglans ; & l'on verroit bien des Juvénals chez eux, avant d'avoir trouvé un Horace.

Dans les monarchies extrémement abfolues, les hiftoriens trahiffent la vérité, parce qu'ils n'ont pas la liberté de la dire : dans les états extrémement libres, ils trahiffent la vérité à caufe de leur liberté même, qui produifant toujours des divifions, chacun devient auffi efclave des préjugés de fa faction, qu'il le feroit d'un defpote.

Leurs poëtes auroient plus fouvent cette rudeffe originale de l'invention, qu'une certaine délicateffe que donne le goût ; on y trouveroit quelque chofe qui approcheroit plus de la force de Michel-Ange, que de la grace de Raphaël.

# LIVRE XX.

*Des loix, dans le rapport qu'elles ont avec le commerce, considéré dans sa nature & ses distinctions.*

Docuit quæ maximus Atlas.
VIRGIL. Æneid.

## CHAPITRE PREMIER.

### Du commerce.

LES matieres qui suivent demanderoient d'être traitées avec plus d'étendue ; mais la nature de cet ouvrage ne le permet pas. Je voudrois couler sur une riviere tranquille ; je suis entraîné par un torrent.

Le commerce guérit des préjugés destructeurs : & c'est presque une régle générale, que partout où il y a des mœurs douces, il y a du commerce ; & que partout où il y a du commerce, il a des mœurs douces.

Qu'on ne s'étonne donc point si nos

mœurs font moins féroces qu'elles ne
l'étoient autrefois. Le commerce a fait
que la connoiffance des mœurs de toutes les nations a pénétré partout : on les
a comparées entr'elles , & il en a réfulté
de grands biens.

On peut dire que les loix du commerce perfectionnent les mœurs ; par la
même raifon que ces mêmes loix perdent les mœurs. Le commerce corrompt
les mœurs pures (a) ; c'étoit le fujet des
plaintes de Platon : il polit & adoucit
les mœurs barbares , comme nous le
voyons tous les jours.

(a) *Céfar* dit des Gaulois, que le voifinage & le
commerce de Marfeille les avoit gâtés de façon
qu'eux , qui autrefois avoient toujours vaincu les
Germains, leur étoient devenus inférieurs. *Guerre
des Gaules* , liv. VI.

## CHAPITRE II.

### De l'efprit du commerce.

L'EFFET naturel du commerce eft
de porter à la paix. Deux nations qui
négocient enfemble , fe rendent réciproquement dépendantes : fi l'une a intérêt d'acheter , l'autre a intérêt de

vendre ; & toutes les unions font fondées fur des befoins mutuels.

Mais, fi l'efprit de commerce unit les
nations, il n'unit pas de même les particuliers. Nous voyons que dans les
pays (a) où l'on n'eft affecté que de l'efprit de commerce, on trafique de toutes
les actions humaines, & de toutes les
vertus morales : les plus petites chofes,
celles que l'humanité demande, s'y font
ou s'y donnent pour de l'argent.

L'efprit de commerce produit dans
les hommes un certain fentiment de juftice exacte, oppofé d'un côté au brigandage, & de l'autre à ces vertus morales qui font qu'on ne difcute pas toujours fes intérêts avec rigidité, & qu'on
peut les négliger pour ceux des autres.

La privation totale du commerce produit au contraire le brigandage, qu'A-
riftote met au nombre des manieres
d'acquérir. L'efprit n'en eft point oppofé à de certaines vertus morales: par
exemple, l'hofpitalité, très-rare dans les
pays de commerce, fe trouve admirablement parmi les peuples brigands.

C'eft un facrilége chez les Germains,
dit *Tacite*, de fermer fa maifon à quel-

(a) La Hollande.

qu'homme

qu'homme que ce soit, connu ou inconnu. Celui qui a exercé ( *a* ) l'hospitalité envers un étranger, va lui montrer une autre maison où on l'exerce encore, & il y est reçu avec la même humanité. Mais lorsque les Germains eurent fondé des royaumes, l'hospitalité leur devint à charge. Cela paroît par deux loix du code (*b*) des Bourguignons, dont l'une inflige une peine à tout barbare qui iroit montrer à un étranger la maison d'un Romain; & l'autre regle que celui qui recevra un étranger, sera dédommagé par les habitans, chacun pour sa quotepart.

(*a*) *Et qui modò hospes fuerat, monstrator hospitii.* de morib. Germ. Voyez aussi César, *Guerres des Gaules*, liv. VI.

(*b*) Tit. 38.

---

# CHAPITRE III.

## De la pauvreté des peuples.

IL y a deux sortes de peuples pauvres : ceux que la dureté du gouvernement a rendus tels ; & ces gens-là sont incapables de presque aucune vertu, parce que leur pauvreté fait une partie de leur servitude : les autres ne sont pauvres que parce qu'ils ont dédaigné, ou parce qu'ils n'ont pas connu les commodités de la vie ; & ceux-ci peuvent faire de grandes chofes , parce que cette pauvreté fait une partie de leur liberté.

## CHAPITRE IV.

### Du commerce dans les divers gouvernemens.

LE commerce a du rapport avec la conftitution. Dans le gouvernement d'un feul, il eft ordinairement fondé fur le luxe ; & , quoiqu'il le foit auffi fur les befoins réels , fon objet principal eft de procurer à la nation qui le fait , tout ce qui peut fervir à fon orgueil, à fes délices & à fes fantaifies. Dans le gouvernement de plufieurs, il eft plus fouvent fondé fur l'économie. Les négocians ayant l'œil fur toutes les nations de la terre , portent à l'une ce qu'ils tirent de l'autre. C'eft ainfi que les républiques de Tyr, de Carthage , d'Athènes, de Marfeille , de Florence, de Venife & de Hollande ont fait le commerce.

Cette efpece de trafic regarde le

gouvernement de plufieurs par fa nature , & le monarchique par occafion.
Car, comme il n'eft fondé que fur la
pratique de gagner peu, & même de
gagner moins qu'aucune autre nation,
& de ne fe dédommager qu'en gagnant
continuellement, il n'eft guere poffible
qu'il puiffe être fait par un peuple chez
qui le luxe eft établi, qui dépenfe beaucoup, & qui ne voit que de grands objets.

C'eft dans ces idées que Cicéron *(a)*
difoit fi bien : « Je n'aime point qu'un «
même peuple foit en même temps le «
dominateur & le facteur de l'univers. «
En effet, il faudroit fuppofer que chaque particulier dans cet état, & tout
l'état même, euffent toujours la tête
pleine de grands projets, & cette même tête remplie de petits : ce qui eft
contradictoire.

Ce n'eft pas que, dans ces états qui
fubfiftent par le commerce d'économie,
on ne faffe auffi les plus grandes entreprifes, & que l'on n'y ait une hardieffe
qui ne fe trouve pas dans les monarchies : en voici la raifon.

(a) *Nolo eumdem populum, imperatorem & portito-*
*rem effe terrarum.*

Un commerce mene à l'autre, le pé-
tit au médiocre, le médiocre au grand ;
& celui qui a eu tant d'envie de gagner
peu, se met dans une situation où il
n'en a pas moins de gagner beaucoup.

De plus, les grandes entreprises des
négocians sont toujours nécessairement
mêlées avec les affaires publiques. Mais
dans les monarchies, les affaires publiques sont la plupart du temps aussi sus-
pectes aux marchands, qu'elles leur paroissent sures dans les états républicains.
Les grandes entreprises de commerce
ne sont donc pas pour les monarchies,
mais pour le gouvernement de plusieurs.

En un mot, une plus grande certitu-
de de sa prospérité, que l'on croit avoir
dans ces états, fait tout entreprendre ;
&, parce qu'on croit être sûr de ce
que l'on a acquis, on ose l'exposer pour
acquérir davantage ; on ne court de risque que sur les moyens d'acquérir : or
les hommes esperent beaucoup de leur
fortune.

Je ne veux pas dire qu'il y ait aucune
monarchie qui soit totalement exclue
du commerce d'économie ; mais elle y
est moins portée par sa nature : Je ne

-veux pas dire que les républiques que nous connoiſſons ſoient entiérement privées du commerce de luxe ; mais il a moins de rapport à leur conſtitution.

Quant à l'état deſpotique, il eſt inutile d'en parler. Regle générale : dans une nation qui eſt dans la ſervitude, on travaille plus à conſerver qu'à acquérir : dans une nation libre, on travaille plus à acquérir qu'à conſerver.

---

## CHAPITRE V.

### Des peuples qui ont fait le commerce d'économie.

MARSEILLE, retraite néceſſaire au milieu d'une mer orageuſe ; Marſeille, ce lieu où tous les vents, les bancs de la mer, la diſpoſition des côtes ordonnent de toucher, fut fréquentée par les gens de mer. La ſtérilité (a) de ſon territoire détermina ſes citoyens au commerce d'économie. Il fallut qu'ils fuſſent laborieux, pour ſuppléer à la nature qui ſe refuſoit ; qu'ils fuſſent juſtes, pour vivre parmi les nations barbares qui devoient faire leur proſpérité ; qu'ils fuſſent

(a) Juſtin, liv. XLIII, ch. III.

L iij

modérés, pour que leur gouvernement
fût toujours tranquille ; enfin qu'ils euffent des mœurs frugales, pour qu'ils
puffent toujours vivre d'un commerce
qu'ils conferveroient plus furement lorfqu'il feroit moins avantageux.

On a vu partout la violence & la
vexation donner naiffance au commerce
d'économie, lorfque les hommes font
contraints de fe réfugier dans les marais,
dans les ifles, les bas fonds de la mer &
fes écueils mêmes. C'eft ainfi que Tyr,
Venife & les villes de Hollande furent
fondées ; les fugitifs y trouverent leur
fureté. Il fallut fubfifter ; ils tirerent leur
fubfiftance de tout l'univers.

## CHAPITRE VI.

### Quelques effets d'une grande navigation.

IL arrive quelquefois qu'une nation qui
fait le commerce d'économie, ayant
befoin d'une marchandife d'un pays qui
lui ferve de fonds pour fe procurer les
marchandifes d'un autre, fe contente
de gagner très-peu, & quelquefois rien,
fur les unes ; dans l'efpérance ou la cer-
titude de gagner beaucoup fur les au-

tres. Ainsi, lorsque la Hollande faisoit
presque seule le commerce du midi au
nord de l'Europe, les vins de France,
qu'elle portoit au nord, ne lui servoient
en quelque maniere que de fonds pour
faire son commerce dans le nord.

On sçait que souvent en Hollande,
de certains genres de marchandise ve-
nue de loin, ne s'y vendent pas plus
cher qu'ils n'ont coûté sur les lieux
mêmes. Voici la raison qu'on en donne:
Un capitaine, qui a besoin de lester son
vaisseau, prendra du marbre; il a besoin de bois pour l'arrimage, il en ache-
tera: & pourvu qu'il n'y perde rien, il
croira avoir beaucoup fait. C'est ainsi
que la Hollande a aussi ses carrieres &
ses forêts.

Non seulement un commerce qui ne
donne rien peut être utile; un commerce même désavantageux peut l'être.
J'ai oui dire en Hollande, que la pêche
de la baleine, en général, ne rend presque jamais ce qu'elle coûte: mais ceux
qui ont été employés à la construction
du vaisseau, ceux qui ont fourni les
agrêts, les appareaux, les vivres, sont
aussi ceux qui prennent le principal intérêt à cette pêche. Perdissent-ils sur la

L iv

pêche, ils ont gagné fur les fournitures.
Ce commerce eft une efpece de lotte-
rie, & chacun eft féduit par l'efpérance
d'un billet noir. Tout le monde aime à
jouer ; & les gens les plus fages jouent
volontiers, lorfqu'ils ne voient point les
apparences du jeu, fes égaremens, fes
violences, fes diffipations, la perte du
temps, & même de toute la vie.

# CHAPITRE VII.

### Efprit de l'Angleterre fur le commerce.

L'ANGLETERRE n'a guere de ta-
rif réglé avec les autres nations ; fon
tarif change, pour ainfi dire, à chaque
parlement, par les droits particuliers
qu'elle ôte, ou qu'elle impofe. Elle a
voulu encore conferver fur cela fon indépendance. Souverainement jaloufe du
commerce qu'on fait chez elle, elle fe
lie peu par des traités, & ne dépend
que de fes loix.

D'autres nations ont fait céder des
intérêts du commerce à des intérêts politiques : celle-ci a toujours fait céder
fes intérêts politiques aux intérêts de
fon commerce.

C'eſt le peuple du monde qui a le mieux ſçu ſe prévaloir à la fois de ces trois grandes choſes, la religion, le commerce & la liberté.

---

## CHAPITRE VIII.

*Comment on a gêné quelquefois le commerce d'économie.*

Oɴ a fait dans de certaines monarchies des loix très-propres à abaiſſer les états qui font le commerce d'économie. On leur a défendu d'apporter d'autres marchandiſes, que celles du cru de leur pays : on ne leur a permis de venir trafiquer, qu'avec des navires de la frabrique du pays où ils viennent.

Il faut que l'état qui impoſe ces loix puiſſe aiſément faire lui-même le commerce : ſans cela, il ſe fera pour le moins un tort égal. Il vaut mieux avoir affaire à une nation qui exige peu, & que les beſoins du commerce rendent en quelque façon dépendante ; à une nation qui, par l'étendue de ſes vues ou de ſes affaires, ſçait où placer toutes les marchandiſes ſuperflues ; qui eſt riche, & peut ſe charger de beaucoup de den-

rées ; qui les payera promptement ; qui
a, pour ainfi dire, des néceffités d'être
fidelle ; qui eft pacifique par principe ;
qui cherche à gagner, & non pas à conquérir : il vaut mieux, dis-je, avoir affaire à cette nation, qu'à d'autres toujours rivales, & qui ne donneroient pas
tous ces avantages.

## CHAPITRE IX.

### De l'exclufion en fait de commerce.

LA vraie maxime eft de n'exclure aucune nation de fon commerce fans de
grandes raifons. Les Japonois ne commercent qu'avec deux nations, la Chi-
noife & la Hollandoife. Les Chinois (a)
gagnent mille pour cent fur le fucre, &
quelquefois autant fur les retours. Les
Hollandois font des profits à peu près
pareils. Toute nation qui fe conduira
fur les maximes Japonoifes, fera néceffairement trompée. C'eft la concurrence
qui met un prix jufte aux marchandifes,
& qui établit les vrais rapports entre
elles.

Encore moins un état doit-il s'affu-

(a) Le P. du Halde, tom. II, p. 170.

jettir à ne vendre fes marchandifes qu'à
une feule nation, fous prétexte qu'elle
les prendra toutes à un certain prix. Les
Polonois ont fait pour leur bled ce marché avec la ville de Dantzik ; plufieurs
rois des Indes ont de pareils contrats
pour les épiceries avec les (a) Hollandois. Ces conventions ne font propres
qu'à une nation pauvre, qui veut bien
perdre l'efpérance de s'enrichir, pourvu
qu'elle ait une fubfiftance affurée ; ou à
des nations, dont la fervitude confifte à
renoncer à l'ufage des chofes que la nature leur avoit données, ou à faire fur
ces chofes un commerce défavantageux.

(a) Cela fut premiérement établi par les Portugais. Voyages de François Pyrard, ch. XV, part. II.

## CHAPITRE X.

### Etabliſſement propre au commerce d'éco-
### nomie.

DANS les états qui font le commerce
d'économie, on a heureufement établi
des banques, qui, par leur crédit, ont
formé de nouveaux fignes des valeurs.
Mais on auroit tort de les tranfporter
dans les états qui font le commerce de

luxe. Les mettre dans des pays gouvernés par un feul, c'eft fuppofer l'argent
d'un côté, & de l'autre la puiffance :
c'eft-à-dire, d'un côté, la faculté de tout
avoir fans aucun pouvoir; & de l'autre,
le pouvoir avec la faculté de rien du
tout. Dans un gouvernement pareil, il
n'y a jamais eu que le prince qui ait eu,
ou qui ait pu avoir un tréfor; & partout
où il y en a un, dès qu'il eft exceffif, il
devient d'abord le tréfor du prince.

Par la même raifon, les compagnies
de négocians qui s'affocient pour un certain commerce, conviennent rarement
au gouvernement d'un feul. La nature
de ces compagnies eft de donner aux
richeffes particulieres la force des richeffes publiques. Mais dans ces états, cette
force ne peut fe trouver que dans les
mains du prince. Je dis plus : elles ne
conviennent pas toujours dans les états
où l'on fait le commerce d'économie; &
fi les affaires ne font fi grandes qu'elles
foient au-deffus de la portée des particuliers, on fera encore mieux de ne point
gêner par des priviléges exclufifs la liberté du commerce.

## CHAPITRE XI.

### Continuation du même sujet.

Dans les états qui font le commerce d'économie, on peut établir un port franc. L'économie de l'état, qui suit toujours la frugalité des particuliers, donne, pour ainsi dire, l'ame à son commerce d'économie. Ce qu'il perd de tributs par l'établissement dont nous parlons, est compensé par ce qu'il peut tirer de la richesse industrieuse de la république. Mais dans le gouvernement monarchique, de pareils établissemens seroient contre la raison; ils n'auroient d'autre effet que de soulager le luxe du poids des impôts. On se priveroit de l'unique bien que ce luxe peut procurer, & du seul frein que dans une constitution pareille il puisse recevoir.

## CHAPITRE XII.

### De la liberté du commerce.

La liberté du commerce n'est pas une faculté accordée aux négocians de faire ce qu'ils veulent ; ce seroit bien plutôt la servitude. Ce qui gêne le commerçant, ne gêne pas pour cela le commerce. C'est dans les pays de la liberté que le négociant trouve des contradictions sans nombre ; & il n'est jamais moins croisé par les loix, que dans les pays de la servitude.

L'Angleterre défend de faire sortir ses laines ; elle veut que le charbon soit transporté par mer dans la capitale ; elle ne permet point la sortie de ses chevaux, s'ils ne sont coupés ; les vaisseaux (a) de ses colonies qui commercent en Europe, doivent mouiller en Angleterre. Elle gêne le négociant ; mais c'est en faveur du commerce.

(a) Acte de navigation de 1660. Ce n'a été qu'en temps de guerre que ceux de Boston & de Philadelphie ont envoyé leurs vaisseaux en droiture jusques dans la Méditérranée porter leurs denrées.

---

# CHAPITRE XIII.

### Ce qui détruit cette liberté.

LA où il y a du commerce, il y a des douanes. L'objet du commerce est l'exportation & l'importation des marchandises en faveur de l'état ; & l'objet des

douanes eſt un certain droit ſur cette
même exportation & importation, auſſi
en faveur de l'état. Il faut donc que
l'état ſoit neutre entre ſa douane & ſon
commerce, & qu'il faſſe enſorte que ces
deux choſes ne ſe croiſent point ; &
alors on y jouit de la liberté du commerce.

La finance détruit le commerce par
ſes injuſtices, par ſes vexations, par l'excès de ce qu'elle impoſe : mais elle le
détruit encore indépendamment de cela
par les difficultés qu'elle fait naître, & les
formalités qu'elle exige. En Angleterre,
où les douanes ſont en régie, il y a une
facilité de négocier, ſinguliere : un mot
d'écriture fait les plus grandes affaires ;
il ne faut point que le marchand perde
un temps infini, & qu'il ait des commis
exprès, pour faire ceſſer toutes les difficultés des fermiers, ou pour s'y ſou-
mettre.

## CHAPITRE XIV.

### *Des loix de commerce qui emportent la confiscation des marchandises.*

LA grande chartre des Anglois défend de saisir & de confisquer., en cas
de guerre, les marchandises des négocians étrangers, à moins que ce ne soit
par représailles. Il est beau que la nation Angloise ait fait de cela un des ar-
ticles de sa liberté.

Dans la guerre que l'Espagne eut contre les Anglois en 1740, elle fit une (a)
loi qui punissoit de mort ceux qui intro-
duiroient dans les états d'Espagne des
marchandises d'Angleterre ; elle infli-
geoit la même peine à ceux qui porte-
roient dans les états d'Angleterre des
marchandises d'Espagne. Une ordon-
nance pareille ne peut, je crois, trouver
de modéle que dans les loix du Japon.
Elle choque nos mœurs, l'esprit de commerce, & l'harmonie qui doit être dans
la proportion des peines ; elle confond
toutes les idées, faisant un crime d'état
de ce qui n'est qu'une violation de police.

(a) Publiée à Cadix au mois de mars 1740.

## CHAPITRE XV.

### De la contrainte par corps.

Solon (a) ordonna à Athènes qu'on n'obligeroit plus le corps pour dettes civiles. Il tira (b) cette loi d'Egypte ; *Boccoris* l'avoit faite, & *Sesostris* l'avoit renouvellée.

Cette loi est très-bonne pour les affaires (c) civiles ordinaires ; mais nous avons raison de ne point l'observer dans celles du commerce. Car les négocians étant obligés de confier de grandes sommes pour des temps souvent fort courts, de les donner & de les reprendre, il faut que le débiteur remplisse toujours au temps fixé ses engagemens ; ce qui suppose la contrainte par corps.

Dans les affaires qui dérivent des contrats civils ordinaires, la loi ne doit point donner la contrainte par corps, parce qu'elle fait plus de cas de la liber-

(a) Plutarque, au traité : *qu'il ne faut point emprunter à usure.*
(b) Diodore, liv. I, part. II, ch. III.
(c) Les législateurs Grecs étoient blâmables, qui avoient défendu de prendre en gage les armes & la charrue d'un homme, & permettoient de prendre l'homme même. *Diodore*, liv. I, part. II, ch. III.

té d'un citoyen, que de l'aifance d'un autre. Mais dans les conventions qui dérivent du commerce, la loi doit faire plus de cas de l'aifance publique, que de la liberté d'un citoyen; ce qui n'empêche pas les reftrictions & les limitations que peuvent demander l'humanité & la bonne police.

---

# CHAPITRE XVI.

## *Belle loi.*

LA loi de *Genève* qui exclut des magiftratures, & même de l'entrée dans le grand confeil, les enfans de ceux qui ont vécu ou qui font morts infolvables, à moins qu'ils n'acquittent les dettes de leur père, eft très-bonne. Elle a cet effet, qu'elle donne de la confiance pour les négocians; elle en donne pour les magiftrats; elle en donne pour la cité même. La foi particuliere y a encore la force de la foi publique.

## CHAPITRE XVII.

### Loi de Rhodes.

LES Rhodiens allerent plus loin. Sex-
tus Empiricus (a) dit que, chez eux, un
fils ne pouvoit se dispenser de payer les
dettes de son pere, en renonçant à sa
succession. La loi de Rhodes étoit
donnée à une république fondée sur le
commerce : Or, je crois que la raison
du commerce même y devoit mettre
cette limitation, que les dettes contractées par le pere depuis que le fils avoit
commencé à faire le commerce, n'affec-
teroient point les biens acquis par celui-
ci. Un négociant doit toujours connoître ses obligations, & se conduire à chaque instant suivant l'état de sa fortune.

(a) Hippotiposes, liv. I, ch. XIV.

## CHAPITRE XVIII.

### Des Juges pour le commerce.

XENOPHON, au livre des revenus,
voudroit qu'on donnât des récompen-
ses à ceux des préfets du commerce qui

expédient le plus vîte les procès. Il fentoit le besoin de notre jurisdiction con-
sulaire.

Les affaires du commerce sont très-
peu susceptibles de formalités. Ce sont
des actions de chaque jour, que d'autres
de même nature doivent suivre chaque
jour. Il faut donc qu'elles puissent être
décidées chaque jour. Il en est autrement des actions de la vie qui influent
beaucoup sur l'avenir, mais qui arrivent
rarement. On ne se marie guere qu'une
fois ; on ne fait pas tous les jours des do-
nations ou des testamens ; on n'est majeur qu'une fois.

*Platon* (a) dit que dans une ville où
il n'y a point de commerce maritime,
il faut la moitié moins de loix civiles ;
& cela est très-vrai. Le commerce introduit dans un même pays différentes
sortes de peuples, un grand nombre de
conventions, d'especes de biens, & de
manieres d'acquérir.

Ainsi dans une ville commerçante, il
y a moins de juges, & plus de loix.

(a) Des loix, liv. VIII.

## CHAPITRE XIX.

*Que le prince ne doit point faire le com-
merce.*

THÉOPHILE (*a*) voyant un vaiffeau où il y avoit des marchandifes pour
fa femme *Théodora*, le fit brûler. »Je «
fuis empereur, lui dit-il, & vous me «
faites patron de galère. En quoi les pau- «
vres gens pourront-ils gagner leur vie, «
fi nous faifons encore leur métier? « Il
auroit pu ajouter : Qui pourra nous ré-
primer, fi nous faifons des monopoles?
Qui nous obligera de remplir nos engagemens? Ce commerce que nous faifons, les courtifans voudront le faire ;
ils feront plus avides & plus injuftes
que nous. Le peuple a de la confiance
en notre juftice ; il n'en a point en notre
opulence : tant d'impôts, qui font fa mi-
fère, font des preuves certaines de la
nôtre.

(*a*) Zonare.

## CHAPITRE XX.

*Continuation du même sujet.*

Lorsque les Portugais & les Castillans dominoient dans les Indes orientales, le commerce avoit des branches si riches, que leurs princes ne manquerent pas de s'en saisir. Cela ruina leurs établissemens dans ces parties-là.

Le viceroi de Goa accordoit à des particuliers des priviléges exclusifs. On n'a point de confiance en de pareilles gens; le commerce est discontinué par le changement perpétuel de ceux à qui on le confie; personne ne ménage ce commerce, & ne se soucie de le laisser perdu à son successeur; le profit reste dans des mains particulieres, & ne s'étend pas assez.

## CHAPITRE XXI.

*Du commerce de la noblesse dans la monarchie.*

Il est contre l'esprit du commerce, que la noblesse le fasse dans la monarchie. » Cela feroit pernicieux aux villes, difent (a) les empereurs *Honorius & Théodofe*, & ôteroit entre les marchands & les plébéiens la facilité d'acheter & de vendre. »

Il eſt contre l'efprit de la monarchie que la nobleſſe y faſſe le commerce. L'ufage qui a permis en Angleterre le commerce à la nobleſſe, eſt une des choſes qui ont le plus contribué à y affoiblir le gouvernement monarchique.

(a) Leg. nobiliores, cod. de commerc. & leg. ult. de refcind. vendit.

# CHAPITRE XXII.

### Reflexion particuliere.

DES gens frappés de ce qui ſe pratique dans quelques états, penſent qu'il faudroit qu'en France il y eût des loix qui engageaſſent les nobles à faire le commerce. Ce feroit le moyen d'y détruire la nobleſſe, ſans aucune utilité pour le commerce. La pratique de ce pays eſt très-ſage: Les négocians n'y ſont pas nobles; mais ils peuvent le devenir; ils ont l'efpérance d'obtenir la nobleſſe, fans en avoir l'inconvénient actuel ; ils n'ont pas de moyen plus fûr de fortir de léur profeffion que de la bien faire, ou de la faire avec bonheur, chofe qui eft ordinairement attachée à la fuffifance.

Les loix qui ordonnent que chacun refte dans fa profeffion, & la faffe paffer à fes enfans, ne font & ne peuvent être utiles que dans les états (a) defpotiques, où perfonne ne peut, ni ne doit avoir d'émulation.

Qu'on ne dife pas que chacun fera mieux fa profeffion lorfqu'on ne pourra pas la quitter pour une autre. Je dis qu'on fera mieux fa profeffion, lorfque ceux qui y auront excellé efpéreront de parvenir à une autre.

L'acquifition qu'on peut faire de la nobleffe à prix d'argent, encourage beaucoup les négocians à fe mettre en état d'y parvenir. Je n'examine pas fi l'on fait bien de donner ainfi aux richeffes le prix de la vertu : il y a tel gouvernement où cela peut être très-utile.

En France, cet état de la robe qui fe trouve entre la grande nobleffe & le peuple ; qui, fans avoir le brillant de celle-là, en a tous les priviléges ; cet état

(a) Effectivement cela y eft fouvent ainfi établi.

qui

qui laiffe les particuliers dans la médio-
crité , tandis.que le corps dépofitaire des
loix eft dans la gloire ; cet état encore
dans lequel on n'a de moyen de fe diftinguer que par la fuffifance & par la vertu;
profeffion honorable , mais qui en laiffe
toujours voir une plus diftinguée : cette
nobleffe toute guerriere , qui penfe qu'en
quelque dégré de richeffes que l'on foit ,
il faut faire fa fortune ; mais qu'il eft honteux d'augmenter fon bien, fi on ne commence par le diffiper ; cette partie de la
nation , qui fert toujours avec le capital
de fon bien ; qui, quand elle eft ruinée,
donne fa place à une autre qui fervira
avec fon capital encore ; qui va à la guerre pour que perfonne n'ofe dire qu'elle
n'y a pas été ; qui, quand elle ne peut ef-
pérer les richeffes, efpere les honneurs ;
& lorfqu'elle ne les obtient pas , fe confole , parce qu'elle a acquis de l'honneur:
toutes ces chofes ont néceffairement
contribué à la grandeur de ce royaume.
Et fi, depuis deux ou trois fiécles, il a
augmenté fans ceffe fa puiffance, il faut
attribuer cela à la bonté de fes loix ,
non pas à la fortune, qui n'a pas ces fortes de conftance.

# CHAPITRE XXIII.

*A quelles nations il est désavantageux
de faire le commerce.*

LES richesses consistent en fonds de
terre, ou en effets mobiliers : les fonds
de terre de chaque pays sont ordinairement possédés par ses habitans. La plupart des états ont des loix qui dégoû-
tent les étrangers de l'acquisition de
leurs terres ; il n'y a même que la pré-
sence du maître qui les fasse valoir : ce
genre de richesses appartient donc à chaque état en particulier. Mais les effets
mobiliers, comme l'argent, les billets,
les lettres de change, les actions sur les
compagnies, les vaisseaux, toutes les
marchandises, appartiennent au monde
entier, qui, dans ce rapport, ne compose
qu'un seul état, dont toutes les sociétés
sont les membres : le peuple qui possede
le plus de ces effets mobiliers de l'univers, est le plus riche. Quelques états
en ont une immense quantité ; ils les
acquierent chacun par leurs denrées, par
le travail de leurs ouvriers, par leur industrie, par leurs découvertes, par le

hazard même. L'avarice des nations se
dispute les meubles de tout l'univers. Il
peut se trouver un état si malheureux,
qu'il sera privé des effets des autres pays,
& même encore de presque tous les
siens : les propriétaires des fonds de terre
n'y seront que les colons des étrangers.
Cet état manquera de tout, & ne pourra
rien acquérir ; il vaudroit bien mieux
qu'il n'eût de commerce avec aucune
nation du monde : c'est le commerce,
qui, dans les circonstances où il se trouvoit, l'a conduit à la pauvreté.

Un pays qui envoie toujours moins
de marchandises ou de denrées qu'il n'en
reçoit, se met lui-même en équilibre
en s'appauvrissant : il recevra toujours
moins, jusqu'à ce que, dans une pauvreté extrême, il ne reçoive plus rien.

Dans les pays de commerce, l'argent
qui s'est tout-à-coup évanoui, revient,
parce que les états qui l'ont reçu le doivent : dans les états dont nous parlons,
l'argent ne revient jamais, parce que
ceux qui l'ont pris ne doivent rien.

La Pologne servira ici d'exemple. Elle
n'a presqu'aucune des choses que nous
appellons les effets mobiliers de l'univers, si ce n'est le bled de ses terres. Quel-

ques seigneurs possedent des provinces
entieres ; ils pressent le laboureur pour
avoir une plus grande quantité de bled
qu'ils puissent envoyer aux étrangers , &
se procurer les choses que demande
leur luxe. Si la Pologne ne commerçoit
avec aucune nation , ses peuples seroient
plus heureux. Ses grands, qui n'auroient
que leur bled , le donneroient à leurs
paysans pour vivre; de trop grands do-
maines leur seroient à charge, ils les par-
tageroient à leurs paysans ; tout le monde , trouvant des peaux ou des laines
dans ses troupeaux , il n'y auroit plus
une dépense immense à faire pour les
habits; les grands, qui aiment toujours
le luxe, & qui ne le pourroient trouver
que dans leur pays, encourageroient les
pauvres au travail. Je dis que cette nation seroit plus florissante , à moins
qu'elle ne devînt barbare : chose que
que les loix pourroient prévenir.

Considérons à présent le Japon. La
quantité excessive de ce qu'il peut recevoir, produit la quantité excessive de ce
qu'il peut envoyer : les choses seront en
équilibre comme si l'importation & l'exportation étoient modérées; & d'ailleurs
cette espece d'enflure produira à l'état

mille avantages : il y aura plus de confommation , plus de chofes fur lefquél-
les les arts peuvent s'exercer , plus
d'hommes employés, plus de moyens
d'acquérir de la puiffance : il peut arriver des cas où l'on ait befoin d'un fecours prompt, qu'un état fi plein peut
donner plutôt qu'un autre. Il eft difficile qu'un pays n'ait des chofes fuperflues : mais c'eft la nature du commerce
de rendre les chofes fuperflues utiles, &
les utiles néceffaires. L'état pourra donc
donner les chofes néceffaires à un plus
grand nombre de fujets.

Difons donc que ce ne font point les
nations qui n'ont befoin de rien , qui
perdent à faire le commerce ; ce font
celles qui ont befoin de tout. Ce ne
font point les peuples qui fe fuffifent à
eux-mêmes, mais ceux qui n'ont rien
chez eux, qui trouvent de l'avantage à
ne trafiquer avec perfonne.

# LIVRE XXI.

*Des loix, dans le rapport qu'elles ont avec le commerce, confidéré dans les révolutions qu'il a eues dans le monde.*

## CHAPITRE PREMIER.

### Quelques confidérations générales.

QUOIQUE le commerce foit fujet à de grandes révolutions, il peut arriver que de certaines caufes physiques, la qualité du terrein ou du climat, fixent pour jamais fa nature.

Nous ne faifons aujourd'hui le commerce des Indes, que par l'argent que nous y envoyons. Les Romains (a) y portoient toutes les années environ cinquante millions de fefterces. Cet argent, comme le nôtre aujourd'hui, étoit converti en marchandifes qu'ils rapportoient en occident. Tous les peuples qui ont négocié aux Indes, y ont toujours porté

(a) *Pline*, liv. VI, ch. XXIII.

des métaux, & en ont rapporté des marchandises.

C'est la nature même qui produit cet
effet. Les Indiens ont leurs arts, qui
sont adaptés à leur maniere de vivre.
Notre luxe ne sçauroit être le leur, ni nos
besoins être leurs besoins. Leur climat
ne leur demande, ni ne leur permet presque rien de ce qui vient de chez nous.
Ils vont en grande partie nuds ; les vêtemens qu'ils ont, le pays les leur fournit convenables ; & leur religion, qui a
sur eux tant d'empire, leur donne de la
répugnance pour les choses qui nous ser-
vent de nourriture. Ils n'ont donc besoin que de nos métaux qui sont les signes des valeurs, & pour lesquels ils
donnent des marchandises, que leur frugalité & la nature de leur pays leur procure en grande abondance. Les auteurs
anciens qui nous ont parlé des Indes,
nous les dépeignent (a) telles que nous
les voyons aujourd'hui, quant à la police, aux manieres & aux mœurs. Les
Indes ont été, les Indes seront ce qu'elles sont à présent ; & dans tous les temps,
ceux qui négocieront aux Indes y por-

(a) Voyez *Pline*, liv. VI, chap. XIX ; & *Strabon*,
liv. XV.

M iv

teront de l'argent, & n'en rapporteront pas.

---

# CHAPITRE II.

## Des peuples d'Afrique.

LA plupart des peuples des côtes de l'Afrique font fauvages ou barbares. Je crois que cela vient beaucoup de ce que des pays prefque inhabitables féparent de petits pays qui peuvent être habités. Ils font fans induftrie ; ils n'ont point d'arts : ils ont en abondance des métaux précieux qu'ils tiennent immédiatement des mains de la nature. Tous les peuples policés font donc en état de négocier avec eux avec avantage ; ils peuvent leur faire eftimer beaucoup des chofes de nulle valeur, & en recevoir un très-grand prix.

## CHAPITRE III.

*Que les besoins des peuples du midi sont différens de ceux des peuples du nord.*

Il y a dans l'Europe une espece de balancement entre les nations du midi & celles du nord. Les premieres ont toutes fortes de commodités pour la vie, & peu de besoins ; les secondes ont beaucoup de besoins, & peu de commodités pour la vie. Aux unes, la nature a donné beaucoup, & elles ne lui demandent que peu ; aux autres, la nature donne peu, & elles lui demandent beaucoup. L'équilibre se maintient par la paresse qu'elle a donnée aux nations du midi, & par l'industrie & l'activité qu'elle a donnée à celles du nord. Ces dernieres sont obligées de travailler beaucoup, sans quoi elles manqueroient de tout & deviendroient barbares. C'est ce qui a naturalisé la servitude chez les peuples du midi : comme ils peuvent aisément se passer de richesses, ils peuvent encore mieux se passer de liberté. Mais les peuples du nord ont besoin de la liberté, qui leur procure plus de moyens

M v

de fatisfaire tous les befoins que la nature leur a donnés. Les peuples du nord
font donc dans un état forcé, s'ils ne
font libres ou barbares : prefque tous les
peuples du midi font en quelque façon
dans un état violent, s'ils ne font efclaves.

## CHAPITRE IV.

*Principale différence du commerce des an-*
*ciens, d'avec celui d'aujourd'hui.*

L E monde fe met de temps en temps
dans des fituations qui changent le commerce. Aujourd'hui le commerce de
l'Europe fe fait principalement du nord
au midi. Pour lors la différence des climats fait que les peuples ont un grand
befoin des marchandifes les uns des autres. Par exemple, les boiffons du midi
portées au nord, forment une efpéce de
commerce que les anciens n'avoient guere. Auffi la capacité des vaiffeaux, qui
fe méfuroit autrefois par muids de bled,
fe mefure-t'elle aujourd'hui par tonneaux de liqueurs.

Le commerce ancien que nous connoiffons, fe faifant d'un port de la Mé-

diterranée à l'autre, étoit presque tout dans le midi. Or les peuples du même climat ayant chez eux à peu près les mêmes chofes, n'ont pas tant de befoin de commercer entr'eux, que ceux d'un climat différent. Le commerce en Europe étoit donc autrefois moins étendu qu'il ne l'eft à préfent.

Ceci n'eft point contradictoire avec ce que j'ai dit de notre commerce des Indes : la différence exceffive du climat fait que les befoins relatifs font nuls.

## CHAPITRE V.

### Autres différences.

LE commerce, tantôt détruit par les conquérans, tantôt gêné par les monarques, parcourt la terre, fuit d'où il eft opprimé, fe repofe où on le laiffe refpirer : il regne aujourd'hui où l'on ne voyoit que des deferts, des mers & des rochers ; là où il regnoit, il n'y a que des deferts.

A voir aujourd'hui la Colchide, qui n'eft plus qu'une vafte forêt, où le peuple, qui diminue tous les jours, ne défend fa liberté que pour fe vendre en dé-

M vj

tail aux Turcs & aux Perſans ; on ne diroit jamais que cette contrée eût été, du
temps des Romains, pleine de villes, où
le commerce appelloit toutes les nations du monde. On n'en trouve aucun
monument dans le pays ; il n'y en a de
traces que dans *Pline* (a) & *Strabon* (b).

L'hiſtoire du commerce eſt celle de
la communication des peuples. Leurs
deſtructions diverſes, & de certains flux
& reflux de populations & de dévaſta-
tions, en forment les plus grands événemens.

(a) Liv. VI.        (b) Liv. II.

# CHAPITRE VI.

## Du commerce des anciens.

LES tréſors immenſes de (a) *Sémiramis*, qui ne pouvoient avoir été acquis
en un jour, nous font penſer que les
Aſſyriens avoicnt eux-mêmes pillé d'autres nations riches, comme les autres nations les pillèrent après.

L'effet du commerce ſont les richeſſes,
la ſuite des richeſſes le luxe, celle du
luxe la perfection des arts. Les arts por-

(a) *Diodore*, liv. II.

tés au point où on les trouve du temps de *Sémiramis* (*a*), nous marquent un grand commerce déja établi.

Il y avoit un grand commerce de luxe dans les empires d'Afie. Ce feroit une belle partie de l'hiftoire du commerce que l'hiftoire du luxe ; le luxe des Perfes étoit celui des Médes, comme celui des Médes étoit celui des Affyriens.

Il eft arrivé de grands changemens en Afie. La partie de la Perfe qui eft au nord-eft, l'Hyrcanie, la Margiane, la Bactriane, &c. étoient autrefois pleines de villes floriffantes (*b*) qui ne font plus ; & le nord (*c*) de cet empire, c'eft-à-dire, l'ifthme qui fépare la mer Cafpienne du pont-Euxin, étoit couvert de villes & de nations, qui ne font plus encore.

*Eratofthene* (*d*) & *Ariftobule* tenoient de *Patrocle* (*e*), que les marchandifes des Indes paffoient par l'Oxus dans la mer du Pont. *Marc Varron* (*f*) nous dit

(*a*) *Diodore*, liv. II.
(*b*) Voyez *Pline*, liv. VI, ch. XVI; & *Strabon*, liv. XI.
(*c*) *Strabon*, liv. XI.
(*d*) *Ibid.*
(*e*) L'autorité de *Patrocle* eft confidérable, comme il paroît par un récit de Strabon, liv. II.
(*f*) Dans *Pline*, liv. VI, c. XVII. Voyez auffi *Stra.*

que l'on apprit, du temps de *Pompée*
dans la guerre contre Mithridate, que
l'on alloit en sept jours de l'Inde dans
le pays des Bactriens, & au fleuve Ica-
rus qui se jette dans l'Oxus ; que par-là
les marchandises de l'Inde pouvoient
traverser la mer Caspienne, entrer de-
là dans l'embouchure du Cyrus ; que
de ce fleuve il ne falloit qu'un trajet par
terre de cinq jours pour aller au Phase
qui conduisoit dans le Pont - Euxin.
C'est sans doute par les nations qui peu-
ploient ces divers pays, que les grands
empires des Assyriens, des Médes &
des Perses, avoient une communication
avec les parties de l'orient & de l'occident les plus réculées.

Cette communication n'est plus. Tous
ces pays ont été dévastés par les Tartares (*a*), & cette nation destructrice les
habite encore pour les infester. L'Oxus
ne va plus à la mer Caspienne ; les Tartares l'ont détourné pour des raisons par-

_____

*bon*, liv. XI, sur le trajet des marchandises du Phase
au Cyrus.

(*a*) Il faut que depuis le temps de Ptolomée, qui
nous décrit tant de rivieres qui se jettent dans la partie orientale de la mer Caspienne, il y ait eu de
grands changemens dans ce pays. La carte du czar
ne met de ce côté-là que la riviere d'*Astrabat* ; &
celle de M. Bathalsi, rien du tout.

ticulieres (a); il se perd dans des sables
arides.

Le Jaxarte, qui formoit autrefois une
barriere entre les nations policées & les
nations barbares, a été tout de même
détourné (b) par les Tartares, & ne va
plus jusqu'à la mer.

*Séleucus Nicator* forma le projet (c)
de joindre le Pont-Euxin à la mer Caspienne. Ce dessein, qui eût donné bien
des facilités au commerce qui se faisoit
dans ce temps-là, s'évanouit à sa (d)
mort. On ne sçait s'il auroit pu l'exé-
cuter dans l'isthme qui sépare les deux
mers. Ce pays est aujourd'hui très-peu
connu; il est dépeuplé & plein de forêts;
les eaux n'y manquent pas, car une infinité de rivieres y descendent du mont-
Caucase; mais ce Caucase, qui forme
le nord de l'isthme, & qui étend des especes de bras (e) au midi, auroit été un
grand obstacle, surtout dans ce temps-
là, où l'on n'avoit point l'art de faire
des écluses.

(a) Voyez la relation de *Genkinson*, dans le recueil
des voyages du nord, tom. IV.
(b) Je crois que delà s'est formé le lac *Aral*.
(c) *Claude César*, dans *Pline*, liv. VI, ch. II.
(d) Il fut tué par Ptolomée Ceranus.
(e) Voyez *Strabon*, liv. XI.

On pourroit croire que *Seleucus* vouloit faire la jonction des deux mers dans
le lieu même où le czar *Pierre I* l'a faite
depuis, c'est-à-dire, dans cette langue
de terre où le Tanaïs s'approche du
Volga : mais le nord de la mer Caspienne n'étoit pas encore découvert.

Pendant que dans les empires d'Asie
il y avoit un commerce de luxe, les Tyriens faisoient par toute la terre un commerce d'économie. *Bochard* a employé
le premier livre de son *Chanaan* à faire
l'énumération des colonies qu'ils envoyerent dans tous les pays qui sont
près de la mer ; ils passerent les colomnes d'Hercule, & firent des établissemens (a) sur les côtes de l'océan.

Dans ces temps-là, les navigateurs
étoient obligés de suivre les côtes, qui
étoient, pour ainsi dire, leur boussole.
Les voyages étoient longs & pénibles.
Les travaux de la navigation d'Ulysse
ont été un sujet fertile pour le plus beau
poëme du monde, après celui qui est le
premier de tous.

Le peu de connoissance que la plupart
des peuples avoient de ceux qui étoient
éloignés d'eux, favorisoit les nations

(a) Ils fonderent Tartèse, & s'établirent à Cadix.

qui faifoient le commerce d'économie.
Elles mettoient dans leur négoce les obf-
curités qu'elles vouloient ❁elles avoient
tous les avantages que les nations intel-
ligentes prennent fur les peuples igno-
rans.

L'Egypte éloignée, par la religion &
par les mœurs, de toute communication
avec les étrangers, ne faifoit guere de
commerce au-dehors : elle jouiffoit d'un
terrein fertile & d'une extrême abondance. C'étoit le Japon de ces temps-
là : elle fe fuffifoit à elle-même.

Les Egyptiens furent fi peu jaloux
du commerce du dehors, qu'ils laifferent
celui de la mer rouge à toutes les petites
nations qui y eurent quelque port. Ils
fouffrirent que les Iduméens, les Juifs
& les Syriens y euffent des flottes. *Salo-*
*mon* (*a*) employa à cette navigation des
Tyriens qui connoiffoient ces mers.

*Jofephe* (*b*) dit que fa nation, uniquement occupée de l'agriculture, connoiffoit peu la mer : auffi ne fut-ce que par
occafion que les Juifs négocierent dans
la mer rouge. Ils conquirent fur les Idu-

(*a*) Lɪv. III *des rois*, ᴄh. IX; *Paralip.* lɪv. II;
ᴄh. VIII.
(*b*) Contre *Appion*.

méens Elath & Afiongaber, qui leur donnerent ce commerce : ils perdirent ces
deux villes, & perdirent ce commerce
aussi.

Il n'en fut pas de même des Phéniciens : ils ne faisoient pas un commerce
de luxe ; ils ne négocioient point par la
conquête : leur frugalité, leur habileté,
leur industrie, leurs périls, leurs fatigues,
les rendoit nécessaires à toutes les nations du monde.

Les nations voisines de la mer rouge
ne négocioient que dans cette mer &
celle d'Afrique. L'étonnement de l'univers à la découverte de la mer des Indes, faite sous *Aléxandre*, le prouve
assez. Nous avons (*a*) dit qu'on porte
toujours aux Indes des métaux précieux,
& que l'on n'en rapporte (*b*) point : les
flottes Juives qui rapportoient par la
mer rouge de l'or & de l'argent, revenoient d'Afrique, & non pas des Indes.

Je dis plus : cette navigation se faisoit
sur la côte orientale de l'Afrique : & l'é-
tat où étoit la marine pour lors, prouve

_____

(*a*) Au ch. I de ce livre.
(*b*) La proportion établie en Europe entre l'or &
l'argent, peut quelquefois faire trouver du profit à
prendre dans les Indes de l'or pour de l'argent ; mais
c'est peu de chose.

assez qu'on n'alloit pas dans des lieux bien reculés.

Je sçais que les flottes de *Salomon* & de *Jozaphat* ne revenoient que la troisiéme année : mais je ne vois pas que la longueur du voyage prouve la grandeur de l'éloignement.

*Pline* & *Strabon* nous disent que le chemin qu'un navire des Indes & de la mer rouge, fabriqué de joncs, faisoit en vingt jours, un navire Grec ou Romain, le faisoit en sept (*a*). Dans cette proportion, un voyage d'un an pour les flottes Grecques & Romaines, étoit à peu près de trois pour celles de *Salomon*.

Deux navires d'une vîtesse inégale ne font pas leur voyage dans un temps proportionné à leur vîtesse : la lenteur produit souvent une plus grande lenteur. Quand il s'agit de suivre les côtes, & qu'on se trouve sans cesse dans une différente position ; qu'il faut attendre un bon vent pour sortir d'un golfe, en avoir un autre pour aller en avant, un navire bon voilier profite de tous les temps favorables, tandis que l'autre reste dans

(*a*) Voyez *Pline*, liv. VI, ch. XXII ; & *Strabon*, liv. XV.

un endroit difficile , & attend plusieurs jours un autre changement.

Cette lenteur des navires des Indes qui, dans un temps égal, ne pouvoient faire que le tiers du chemin que faisoient les vaisseaux Grecs & Romains, peut s'expliquer par ce que nous voyons aujourd'hui dans notre marine. Les navires des Indes qui étoient de jonc, tiroient moins d'eau que les vaisseaux Grecs & Romains, qui étoient de bois, & joints avec du fer.

On peut comparer ces navires des Indes à ceux de quelques nations d'aujourd'hui, dont les ports ont peu de fond: tels sont ceux de Venise , & même en général de l'Italie (a) , de la mer Baltique , & de la province de Hollande (b). Leurs navires, qui doivent en sortir & y rentrer, sont d'une fabrique ronde & large de fond ; au lieu que les navires d'autres nations qui ont de bons ports, sont par le bas d'une forme qui les fait entrer profondément dans l'eau. Cette méchanique fait que ces derniers navires navigent plus près du vent, & que les

(a) Elle n'a presque que des rades : mais la Sicile a de très bons ports.

(b) Je dis de la province de Hollande ; car les ports de celle de Zélande sont assez profonds.

premiers ne navigent prefque que quand
ils ont le vent en poupe. Un navire qui
entre beaucoup dans l'eau, navige vers
le même côté à prefque tous les vents ;
ce qui vient de la réfiftance que trouve
dans l'eau le vaiffeau pouffé par le vent,
qui fait un point d'appui, & de la forme
longue du vaiffeau qui eft préfenté au
vent par fon côté, pendant que par l'effet
de la figure du gouvernail on tourne la
proue vers le côté que l'on fe propofe ;
enforte qu'on peut aller très-près du
vent, c'eft-à-dire, très-près du côté d'où
vient le vent. Mais quand le navire eft
d'une figure ronde & large de fond, &
que par conféquent il enfonce peu dans
l'eau, il n'y a plus de point d'appui ; le
vent chaffe le vaiffeau, qui ne peut réfifter, ni guere aller que du côté oppofé
au vent. D'où il fuit que les vaiffeaux
d'une conftruction ronde de fond, font
plus lents dans leurs voyages : 1°. ils
perdent beaucoup de temps à attendre le
vent, furtout s'ils font obligés de changer fouvent de direction ; 2°. ils vont
plus lentement ; parce que n'ayant pas
de point d'appui, ils ne fçauroient porter autant de voiles que les autres. Que
fi dans un temps où la marine s'eft fi fort

perfectionnée; dans un temps où les arts
se communiquent; dans un temps, où
l'on corrige par l'art, & les défauts de
la nature, & les défauts de l'art même;
on sent ces différences, que devoit-ce
être dans la marine des anciens?

Je ne sçaurois quitter ce sujet. Les navires des Indes étoient petits, & ceux
des Grecs & des Romains, si l'on en
excepte ces machines que l'ostentation
fit faire, étoient moins grands que les
nôtres. Or, plus un navire est petit, plus
il est en danger dans les gros temps. Telle tempête submerge un navire, qui ne
feroit que le tourmenter s'il étoit plus
grand. Plus un corps en surpasse un autre en grandeur, plus sa surface est rela-
tivement petite: d'où il suit que dans un
petit navire il y a une moindre raison,
c'est-à-dire, une plus grande différence
de la surface du navire au poids ou à la
charge qu'il peut porter, que dans un
grand. On sçait que, par une pratique à
peu près générale, on met dans un navire une charge d'un poids égal à celui
de la moitié de l'eau qu'il pourroit contenir. Supposons qu'un navire tînt huit
cent tonneaux d'eau, sa charge feroit de
quatre cent tonneaux; celle d'un navire

qui ne tiendroit que quatre cent tonneaux d'eau, feroit de deux cent tonneaux. Ainfi la grandeur du premier navire feroit, au poids qu'il porteroit, comme 8 eft à 4; & celle du fecond, comme 4 eft à 2. Suppofons que la furface
du grand foit, à la furface du petit, comme 8 eft à 6; la furface (a) de celui-ci
fera, à fon poids, comme 6 eft à 2;
tandis que la furface de celui-là ne fera,
à fon poids, que comme 8 eft à 4; &
les vents & les flots n'agiffant que fur la
furface, le grand vaiffeau réfiftera plus
par fon poids à leur impétuofité, que le
petit.

(a) C'eft-à-dire, pour comparer les grandeurs de
même genre : l'action ou la prife du fluide fur le navire, fera, à la réfiftance du même navire, comme,
&c.

# CHAPITRE VII.
## Du commerce des Grecs.

LES premiers Grecs étoient tous pirates. Minos, qui avoit eu l'empire de la
mer, n'avoit eu peut-être que de plus
grands fuccès dans les brigandages : fon
empire étoit borné aux environs de fon
ifle. Mais, lorfque les Grecs devinrent

un grand peuple, les Athéniens obtinrent le véritable empire de la mer, parce que cette nation commerçante & victorieuse donna la loi au monarque (a) le plus puissant d'alors, & abbattit les forces maritimes de la Syrie, de l'isle de Chypre & de la Phénicie.

Il faut que je parle de cet empire de la mer qu'eut Athènes. » Athènes, dit Xénophon (b), a l'empire de la mer : mais comme l'Attique tient à la terre, les ennemis la ravagent, tandis qu'elle fait ses expéditions au loin. Les principaux laissent détruire leurs terres, & mettent leurs biens en sûreté dans quelque isle : la populace, qui n'a point de terres, vit sans aucune inquiétude. Mais si les Athéniens habitoient une isle, & avoient outre cela l'empire de la mer, ils auroient le pouvoir de nuire aux autres sans qu'on pût leur nuire, tandis qu'ils seroient les maîtres de la mer. » Vous diriez que Xénophon a voulu parler de l'Angleterre.

Athènes remplie de projets de gloire ; Athènes qui augmentoit la jalousie, au lieu d'augmenter l'influence ; plus atten-

(a) Le roi de Perse.
(b) De republ. Athen.

tive

tive à étendre son empire maritime, qu'à
en jouir ; avec un tel gouvernement politique, que le bas-peuple se distribuoit
les revenus publics, tandis que les riches
étoient dans l'oppression ; ne fit point
ce grand commerce que lui promettoient
le travail de ses mines, la multitude de
ses esclaves, le nombre de ses gens de
mer ; son autorité sur les villes Grecques, &, plus que tout cela, les belles
institutions de *Solon*. Son négoce fut
presque borné à la Grèce & au Pont-
Euxin, d'où elle tira sa subsistance.

Corinthe fut admirablement bien si-
tuée : elle sépara deux mers, ouvrit &
ferma le Péloponnèse, & ouvrit & ferma
la Grèce. Elle fut une ville de la plus
grande importance, dans un temps où le
peuple Grec étoit un monde, & les villes Grecques des nations : elle fit un
plus grand commerce qu'Athènes. Elle
avoit un port pour recevoir les marchandises d'Asie ; elle en avoit un autre pour recevoir celles d'Italie : car,
comme il y avoit de grandes difficultés
à tourner le promontoire Malée, où des
vents ( *a* ) opposés se rencontrent &
causent des naufrages, on aimoit mieux

(a) Voyez *Strabon*, liv. VIII.

Tome II.                                    N

aller à Corinthe, & l'on pouvoit même faire paffer par terre les vaiffeaux d'une mer à l'autre. Dans aucune ville on ne porta fi loin les ouvrages de l'art. La religion acheva de corrompre ce que fon opulence lui avoit laiffé de mœurs. Elle érigea un temple à Vénus, où plus de mille courtifanes furent confacrées. C'eft de ce féminaire que fortirent la plupart de ces beautés célébres dont *Athénée* a ofé écrire l'hiftoire.

Il paroît que, du temps d'Homere, l'opulence de la Grèce étoit à Rhodes, à Corinthe & à Orcomène. » Jupiter, dit-il (*a*), aima les Rhodiens, & leur donna de grandes richeffes. « Il donne à Corinthe (*b*) l'épithéte de riche. De même, quand il veut parler des villes qui ont beaucoup d'or, il cite Orcomène (*c*), qu'il joint à Thèbes d'Egypte. Rhodes & Corinthe conferverent leur puiffance, & Orcomène la perdit. La pofition d'Orcomène, près de l'Hellefpont, de la Propontide & du Pont-Euxin, fait naturellement penfer qu'elle tiroit fes richeffes d'un commerce fur les côtes de

(*a*) Iliade, liv. II.
(*b*) Ibid.
(*c*) Ibid. liv. I, v. 381. Voyez *Strabon*, liv. IX, p. 414, édition de 1620.

ces mers, qui avoit donné lieu à la fable de la toifon d'or : Et effectivement le nom de *Miniares* eſt donné à Orcomène ( *a* ) & encore aux Argonautes. Mais comme dans la fuite ces mers devinrent plus connues ; que les Grecs y établirent un très-grand nombre de colonies ; que ces colonies négocierent avec les peuples barbares ; qu'elles communiquerent avec leur métropole ; Orcomène commença à décheoir, & elle rentra dans la foule des autres villes Grecques.

Les Grecs, avant Homere, n'avoient guere négocié qu'entr'eux, & chez quelque peuple barbare ; mais ils étendirent leur domination, à meſure qu'ils formerent de nouveaux peuples. La Grèce étoit une grande péninſule dont les caps ſembloient avoir fait reculer les mers, & les golfes s'ouvrir de tous côtés, comme pour les recevoir encore. Si l'on jette les yeux ſur la Grèce, on verra, dans un pays aſſez reſſerré, une vaſte étendue de côtes. Ses colonies innombrables faiſoient une immenſe circonférence autour d'elle ; & elle y voyoit, pour ainſi dire, tout le monde qui

(a) *Strabon*, liv. IX, p. 414.

N ij

n'étoit pas barbare. Pénétra-t'elle en Sicile & en Italie? elle y forma des nations.
Navigea-t'elle vers les mers du Pont,
vers les côtes de l'Afie mineure, vers
celles d'Afrique? elle en fit de même. Ses
villes acquirent de la profpérité, à mefure qu'elles fe trouverent près de nouveaux peuples. Et, ce qu'il y avoit d'admirable, des ifles fans nombre, fituées
comme en premiere ligne, l'entouroient
encore.

Quelles caufes de profpérité pour la
Grèce, que des jeux qu'elle donnoit,
pour ainfi dire, à l'univers; des temples,
où tous les rois envoyoient des offran-
des; des fêtes, où l'on s'affembloit de
toutes parts; des oracles, qui faifoient
l'attention de toute la curiofité humaine; enfin, le goût & les arts portés
à un point, que de croire les furpaffer,
fera toujours ne les pas connoître?

# CHAPITRE VIII.

## D'Alexandre. Sa conquête.

QUATRE événemens arrivés fous
*Alexandre* firent dans le commerce une
grande révolution; la prife de Tyr, la

conquête de l'Egypte, celle des Indes,
& la découverte de la mer qui est au
midi de ce pays.

L'empire des Perses s'étendoit jufqu'à l'Indus (a). Longtemps avant *Ale-*
*xandre*, *Darius* (b) avoit envoyé des
navigateurs qui defcendirent ce fleuve,
& allerent jufqu'à la mer rouge. Comment donc les Grecs furent-ils les premiers qui firent par le midi le commerce
des Indes? Comment les Perses ne l'a-
voient-ils pas fait auparavant? Que leur
fervoient des mers qui étoient fi proche d'eux, des mers qui baignoient
leur empire? Il est vrai qu'Alexandre
conquit les Indes : mais faut-il conquérir un pays pour y négocier? J'examinerai ceci.

L'Ariane (c) qui s'étendoit depuis le
golfe Perfique jufqu'à l'Indus, & de
la mer du midi jufqu'aux montagnes des
Paropamifades, dépendoit bien en
quelque façon de l'empire des Perses :
mais dans fa partie méridionale elle
étoit aride, brûlée, inculte & barbare.
La tradition (d) portoit que les armées

(a) *Strabon*, liv. XV.
(b) Hérodote, *in Melpomene.*
(c) *Strabon*, liv. XV.
(d) *Ibid.*

de *Sémiramis* & de *Cyrus* avoient péri
dans ces deferts ; & *Alexandre*, qui fe
fit fuivre par fa flotte, ne laiffa pas d'y
perdre une grande partie de fon armée.
Les Perfes laiffoient toute la côte au
pouvoir des icthyophages (*a*), des
Orittes & autres peuples barbares. D'ailleurs les Perfes (*b*) n'étoient pas navigateurs, & leur religion même leur ôtoit
toute idée de commerce maritime. La
navigation que *Darius* fit faire fur l'Indus & la mer des Indes, fut plutôt une
fantaifie d'un prince qui veut montrer
fa puiffance, que le projet réglé d'un
monarque qui veut l'employer. Elle
n'eut de fuite, ni pour le commerce, ni
pour la marine ; & fi l'on fortit de l'i-
gnorance, ce fut pour y retomber.

Il y a plus : il étoit reçu (*c*) avant
l'expédition d'*Alexandre*, que la partie
méridionale des Indes étoit inhabitable (*d*) : ce qui fuivoit de la tradition

(*a*) *Pline*, liv. VI. ch. XXIII ; *Strabon*, liv. XV.
(*b*) Pour ne point fouiller les élémens, ils ne na-
vigeoient pas fur les fleuves. *M. Hidde, religion des
Perfes*. Encore aujourd'hui ils n'ont point de commerce maritime, & ils traitent d'athées ceux qui
vont fur mer.
(*c*) *Strabon*, liv. XV.
(*d*) *Hérodote*, *in Melpomene*, dit que *Darius* conquit les Indes. Cela ne peut être entendu que de l'A-
riane : encore ne fut-ce qu'une conquête en idée.

que *Sémiramis* (a) n'en avoit ramené que vingt hommes, & *Cyrus* que fept.

*Alexandre* entra par le nord. Son deffein étoit de marcher vers l'orient: mais ayant trouvé la partie du midi pleine de grandes nations, de villes & de rivieres, il en tenta la conquête, & la fit.

Pour lors, il forma le deffein d'unir les Indes avec l'occident par un commerce maritime, comme il les avoit unies par des colonies qu'il avoit établies dans les terres.

Il fit conftruire une flotte fur l'Hydafpe, defcendit cette riviere, entra dans l'Indus, & navigea jufqu'à fon embouchure. Il laiffa fon armée & fa flotte à Patale, alla lui-même avec quelques vaiffeaux reconnoître la mer, marqua les lieux où il voulut que l'on conftruisît des ports, des havres, des arfenaux. De retour à Patale, il fe fépara de fa flotte, & prit la route de terre, pour lui donner du fecours, & en recevoir. La flotte fuivit la côte depuis l'embouchure de l'Indus, le long du rivage des pays des Orittes, des icthyophages, de la Caramanie & de la Perfe. Il fit

(a) *Strabon*, liv. XV.

N iv

creuſer des puits, bâtir des villes ; il
défendit aux iċthyophages (*a*) de vivre
de poiſſon ; il vouloit que les bords de
cette mer fuſſent habités par des nations civiliſées. *Néarque* & *Onéſicrite*
ont fait le journal de cette navigation,
qui fut de dix mois. Ils arriverent à
Suſe ; ils y trouverent *Alexandre* qui
donnoit des fêtes à ſon armée.

Ce conquérant avoit fondé Alexandrie, dans la vue de s'aſſurer de l'Egypte ; c'étoit une clef pour l'ouvrir, dans
le lieu même (*b*) où les rois ſes prédé-
ceſſeurs avoient une clef pour la fermer ;
& il ne ſongeoit point à un commerce
dont la découverte de la mer des Indes
pouvoit ſeule lui faire naître la penſée.

Il paroît même qu'après cette décou-

(*a*) Ceci ne ſçauroit s'entendre de tous les iċthyophages, qui habitoient une côte de dix milles ſtades.
Comment Alexandre auroit-il pu leur donner la ſub-
ſiſtance ? Comment ſe feroit-il fait obéir ? Il ne peut
être ici queſtion que de quelques peuples particuliers.
Néarque, dans le livre *rerum Indicarum*, dit, qu'à
l'extrémité de cette côte, du côté de la Perſe, il
avoit trouvé les peuples moins iċthyophages. Je croi-
rois que l'ordre d'Alexandre regardoit cette contrée,
ou quelqu'autre encore plus voiſine de la Perſe.

(*b*) Alexandrie fut fondée dans une plage appellée
*Racotis*. Les anciens rois y tenoient une garniſon,
pour défendre l'entrée du pays aux étrangers, & ſurtout aux Grecs qui étoient, comme on ſçait, de
grands pirates. Voyez *Pline*, liv. VI, ch. X ; & *Strabon*, liv. XVIII.

verte, il n'eut aucune vue nouvelle fur Alexandrie. Il avoit bien, en général, le projet d'établir un commerce entre les Indes & les parties occidentales de fon empire : mais, pour le projet de faire ce commerce par l'Egypte, il lui manquoit trop de connoiffances pour pouvoir le former. Il avoit vu l'Indus, il avoit vu le Nil ; mais il ne connoiffoit point les mers d'Arabie, qui font entre deux. A peine fut-il arrivé des Indes, qu'il fit conftruire de nouvelles flottes, & navigea (a) fur l'Euléus, le Tigre, l'Euphrate & la mer : il ôta les cataractes que les Perfes avoient mifes fur ces fleuves : il découvrit que le fein Perfique étoit un golfe de l'océan. Comme il alla reconnoître (b) cette mer, ainfi qu'il avoit reconnu celle des Indes ; comme il fit conftruire un port à Babylone pour mille vaiffeaux, & des arfenaux ; comme il envoya cinq cent talens en Phénicie & en Syrie, pour en faire venir des nautoniers, qu'il vouloit placer dans les colonies qu'il répandoit fur les côtes ; comme enfin il fit des travaux immenfes fur l'Euphrate & les au-

(a) Arrien, de exped. Alexandri, lib. VII.
(b) Ibid.

N v

tres fleuves de l'Affyrie, on ne peut
douter que fon deffein ne fût de faire le
commerce des Indes par Babylone &
le golfe Perfique.

Quelques gens, fous prétexte qu'A-
lexandre vouloit conquérir l'Arabie (a),
ont dit qu'il avoit formé le deffein d'y
mettre le fiége de fon empire : mais,
comment auroit-il choifi un lieu qu'il
ne connoiffoit pas (b) ? D'ailleurs c'étoit
le pays du monde le plus incommode :
il fe feroit féparé de fon empire. Les ca-
lifes, qui conquirent au loin, quitterent
d'abord l'Arabie, pour s'établir ailleurs.

(a) *Strabon*, liv. XVI, à la fin.
(b) Voyant la Babylonie inondée, il regardoit l'A-
rabie, qui en eft proche, comme une ifle. *Ariftobule*,
dans Strabon, liv. XVI.

# CHAPITRE IX.
### Du commerce des rois Grecs après Alexandre.

LORSQU'ALEXANDRE conquit
l'Egypte, on connoiffoit très - peu la
mer rouge, & rien de cette partie de
l'océan qui fe joint à cette mer, &
qui baigne d'un côté la côte d'A-
frique, & de l'autre celle de l'Arabie : on crut même depuis qu'il étoit

Impoſſible de faire le tour de la preſ-
qu'iſle d'Arabie. Ceux qui l'avoient
tenté de chaque côté, avoient abandon-
né leur entrepriſe. On diſoit (*a*) : » Com- «
ment ſeroit-il poſſible de naviger au «
midi des côtes de l'Arabie, puiſque «
l'armée de Cambyſe, qui la traverſa du «
côté du nord, périt preſque toute ; & «
que celle que Ptolomée, fils de Lagus, «
envoya au ſecours de Séleucus Nicator «
à Babylone, ſouffrit des maux incroya- «
bles, & à cauſe de la chaleur ne put «
marcher que la nuit ? «

Les Perſes n'avoient aucune ſorte de
navigation. Quand ils conquirent l'E-
gypte, ils y apporterent le même eſprit
qu'ils avoient eu chez eux ; & la négli-
gence fut ſi extraordinaire, que les rois
Grecs trouverent que non ſeulement les
navigations des Tyriens, des Iduméens
& des Juifs dans l'océan, étoient igno-
rées ; mais que celles mêmes de la mer
rouge l'étoient. Je crois que la deſtruction de la premiere Tyr par Nabucho-
donoſor, & celle de pluſieurs petites
nations & villes voiſines de la mer rouge, firent perdre les connoiſſances que
l'on avoit acquiſes.

(*a*) Voyez le livre *rerum Indicarum.*

L'Egypte, du temps des Perfes, ne confrontoit point à la mer rouge : elle ne contenoit (*a*) que cette lifiere de terre longue & étroite que le Nil couvre par fes inondations, & qui eft refferrée des deux côtés par des chaînes de monta-gnes. Il fallut donc découvrir la mer rouge une feconde fois, & l'océan une feconde fois ; & cette découverte appar-tint à la curiofité des rois Grecs.

On remonta le Nil, on fit la chaffe des éléphans dans les pays qui font en-tre le Nil & la mer ; on découvrit les bords de cette mer par les terres : Et comme cette découverte fe fit fous les Grecs, les noms en font Grecs, & les temples font confacrés (*b*) à des divi-nités Grecques.

Les Grecs d'Egypte purent faire un commerce très-étendu ; ils étoient maî-tres des ports de la mer rouge ; Tyr, ri-vale de toute nation commerçante, n'é-toit plus ; ils n'étoient point gênés par les anciennes (*c*) fuperftitions du pays ; l'Egypte étoit devenue le centre de l'univers.

(*a*) *Strabon*, liv. XVI.
(*b*) *Ibid.*
(*c*) Elles leur donnoient de l'horreur pour les étrangers.

Les rois de Syrie laifferent à ceux
d'Egypte le commerce méridional des
Indes, & ne s'attacherent qu'à ce commerce feptentrional qui fe faifoit par
l'Oxus & la mer Cafpienne. On croyoit
dans ces temps-là que cette mer étoit
une partie de l'océan feptentrional (*a*) :
& Alexandre, quelque temps avant fa
mort, avoit fait conftruire (*b*) une flotte,
pour découvrir fi elle communiquoit à
l'océan par le Pont-Euxin, ou par quelqu'autre mer orientale vers les Indes.
Après lui, Séleucus & Antiochus eurent
une attention particuliere à la reconnoître : ils y entretinrent (*c*) des flottes.
Ce que *Séleucus* reconnut fut appellé
mer Séleucide : ce qu'*Antiochus* découvrit fut appellé mer Anthiochide. Attentifs aux projets qu'ils pouvoient avoir
de ce côté-là, ils négligerent les mers
du midi ; foit que les *Ptolomée*, par
leurs flottes fur la mer rouge, s'en fuffent
déja procuré l'empire ; foit qu'ils euffent
découvert. dans les Perfes un éloignement invincible pour la marine. La côte

(*a*) *Pline*, liv. II, ch. LXVIII ; & liv. VI, ch. IX
& XII ; *Strabon*, liv. XI ; *Arrien*, de l'expéd. d'Alex,
liv. III, p. 74 : & liv. V, p. 104.
(*b*) *Arrien*, de l'expéd. d'Alex, liv. VII.
(*c*) *Pline*, liv. II, ch. LXIV.

du midi de la Perfe ne fourniffoit point de matelots ; on n'y en avoit vu que dans les derniers momens de la vie d'A-lexandre. Mais les rois d'Egypte, maî-tres de l'ifle de Chypre, de la Phénicie, & d'un grand nombre de places fur les côtes de l'Afie mineure, avoient toutes fortes de moyens pour faire des entre-prifes de mer. Ils n'avoient point à con-traindre le génie de leurs fujets ; ils n'a-voient qu'à le fuivre.

On a de la peine à comprendre l'obf-tination des anciens à croire que la mer Cafpienne étoit une partie de l'océan. Les expéditions d'*Alexandre*, des rois de Syrie, des Parthes & des Ro-mains, ne purent leur faire changer de penfée : c'eft qu'on revient de fes er-reurs le plus tard qu'on peut. D'abord on ne connut que le midi de la mer Cafpienne, on la prit pour l'océan ; à mefure que l'on avança le long de fes bords du côté du nord, on crut encore que c'étoit l'océan qui entroit dans les terres : En fuivant les côtes, on n'avoit reconnu du côté de l'eft que jufqu'au Jaxarte, & du côté de l'oueft que jufqu'aux extrémités de l'Al-banie. La mer, du côté du nord, étoit vafeufe (*a*), & par conféquent très-peu propre à la navigation. Tout cela fit que l'on ne vit jamais que l'océan.

L'armée d'*Alexandre* n'avoit été, du côté de l'orient, que jufqu'à l'Hypanis, qui eſt la derniere des rivieres qui fe jettent dans l'Indus. Ainfi le premier commerce que les Grecs eurent aux Indes fe fit dans une très-petite partie du pays. *Séleucus Nicator* pénétra jufqu'au Gange (*b*) ; & par-là on découvrit la mer où ce fleuve fe jette, c'eſt-à-dire, le golfe de Bengale. Aujourd'hui l'on découvre les terres par les voyages de mer ; autrefois on découvroit les mers par la conquête des terres.

*Strabon* (*c*), malgré le témoignage d'*Appollodore*, paroît douter que les rois (*d*) Grecs de Baĉtriane foient allés plus loin que *Séleucus* & *Alexandre.* Quand il feroit vrai qu'ils n'auroient pas été plus loin vers l'orient que Séleucus, ils allerent plus loin vers le midi : ils découvrirent (*e*) Siger & des ports dans

(*a*) Voyez la carte du czar.

(*b*) *Pline*, liv. VI, ch. XVII.

(*c*) Liv. XV.

(*d*) Les Macédoniens de la Baĉtriane, des Indes & de l'Ariane, s'étant féparés du royaume de Syrie, formerent un grand état.

(*e*) Apollonius Adramittin, dans *Strabon*, liv. XI.

le Malabar, qui donnerent lieu à la navigation dont je vais parler.

*Pline* (a) nous apprend qu'on prit successivement trois routes pour faire la navigation des Indes. D'abord, on alla du promontoire de Siagre à l'isle de Patalene, qui est à l'embouchure de l'Indus : on voit que c'étoit la route qu'avoit tenue la flotte d'Alexandre. On prit ensuite un chemin plus court (b) & plus sûr ; & on alla du même promontoire à Siger. Ce Siger ne peut être que le royaume de Siger dont parle *Strabon* (c), que les rois Grecs de Bactriane découvrirent. *Pline* ne peut dire que ce chemin fût plus court, que parce qu'on le faisoit en moins de temps ; car Siger devoit être plus reculé que l'Indus, puisque les rois de Bactriane le découvrirent. Il falloit donc que l'on évitât par-là le détour de certaines côtes, & que l'on profitât de certains vents. Enfin, les marchands prirent une troisiéme route : ils se rendoient à Canes ou à Océlis, ports situés à l'embouchure de la mer rouge, d'où, par un vent d'ouest,

---

(a) Liv. VI, ch. XXIII.
(b) Pline, liv. VI, ch. XXIII.
(c) Liv. XI, *Sigertidis regnum.*

'on arrivoit à Muziris, premiere étape des Indes, & de-là à d'autres ports. On voit qu'au lieu d'aller de l'embouchure de la mer rouge jufqu'à Siagre en remontant la côte de l'Arabie-heureufe au nord-eft, on alla directement de l'oueft à l'eft, d'un côté à l'autre, par le moyen des mouçons, dont on découvrit les changemens en navigeant dans ces parages. Les anciens ne quitterent les côtes, que quand ils fe fervirent des mouçons (a) & des vens alifés, qui étoient une efpece de bouffole pour eux.

*Pline* (b) dit, qu'on partoit pour les Indes au milieu de l'été, & qu'on en revenoit vers la fin de décembre & au commencement de janvier. Ceci eft entiérement conforme aux journaux de nos navigateurs. Dans cette partie de la mer des Indes qui eft entre la prefqu'ifle d'Afrique & celle de deçà le Gange, il y a deux mouçons: la premiere, pendant laquelle les vents vont de l'oueft à l'eft, commence au mois d'août & de feptembre; la deuxiéme, pendant laquelle les vents vont de l'eft à l'oueft,

(a) Les mouçons foufflent une partie de l'année d'un côté, & une partie de l'année de l'autre; & les vents alifés foufflent du même côté toute l'année.
(b) Liv. VI, ch. XXIII.

commence en janvier. Ainſi nous par-
tons d'Afrique pour le Malabar dans le
temps que partoient les flottes de *Pto-*
*lomée*, & nous en reverions dans le même temps.

La flotte d'*Alexandre* mit ſept mois
pour aller de Patale à Suze. Elle partit
dans le mois de juillet, c'eſt-à-dire,
dans un temps où aujourd'hui aucun
navire n'oſe ſe mettre en mer pour revenir des Indes. Entre l'une & l'autre
mouçon, il y a un intervalle de temps
pendant lequel les vents varient; & où
un vent de nord ſe mêlant avec les
vents ordinaires, cauſe, ſurtout auprès
des côtes, d'horribles tempêtes. Cela
dure les mois de juin, de juillet &
d'août. La flotte d'*Alexandre* partant
de Patale au mois de juillet, eſſuya bien
des tempêtes, & le voyage fut long,
parce qu'elle navigea dans une mouçon
contraire.

*Pline* dit qu'on partoit pour les Indes à la fin de l'été: ainſi on employoit
le temps de la variation de la mouçon
à faire le trajet d'Alexandrie à la mer
rouge.

Voyez, je vous ptie, comment on
ſe perfectionna peu à peu dans la navi-

gation. Celle que *Darius* fit faire, pour
defcendre l'Indus & aller à la mer rouge, fut de deux ans & demi (*a*). La flotte
d'*Alexandre* (*b*) defcendant l'Indus, arriva à Suze dix mois après, ayant navigé trois mois fur l'Indus & fept fur la
mer des Indes : dans la fuite, le trajet
de la côte de Malabar à la mer rouge fe
fit en quarante jours (*c*).

*Strabon*, qui rend raifon de l'ignorance
où l'on étoit des pays qui font entre
l'Hypanis & le Gange, dit que parmi
les navigateurs qui vont de l'Egypte
aux Indes, il y en a peu qui aillent jufqu'au Gange. Effectivement, on voit
que les flottes n'y alloient pas ; elles
alloient par les mouçons de l'oueft à
l'eft, de l'embouchure de la mer rouge
à la côte de Malabar. Elles s'arrêtoient
dans les étapes qui y étoient, & n'alloient point faire le tour de la prefqu'ifle
deçà le Gange par le cap de Comorin
& la côte de Coromandel : le plan de la
navigation des rois d'Egypte & des Romains, étoit de revenir la même année (*d*).

(*a*) *Hérodote*, in Melpomene.
(*b*) *Pline*, liv. VI, ch. XXIII.
(*c*) *Ibid.*
(*d*) *Ibid.*

Ainſi il s'en faut bien que le com=
merce des Grecs & des Romains aux
Indes ait été auſſi étendu que le nôtre;
nous qui connoiſſons des pays immenſes qu'ils ne connoiſſoient pas; nous
qui faiſons notre commerce avec toutes
les nations Indiennes, & qui commer-
çons même pour elles & navigeons pour
elles.

Mais ils faiſoient ce commerce avec
plus de facilité que nous : & ſi l'on ne
négocioit aujourd'hui que ſur la côte du
Guzarat & du Malabar; & que ſans aller chercher les iſles du midi, on ſe
contentât des marchandiſes que les in-
ſulaires viendroient apporter, il faudroit
préférer la route de l'Egypte à celle du
cap de Bonne-Eſpérance. *Strabon (a)*
dit que l'on négocioit ainſi avec les
peuples de la Taprobane.

(a) Liv. XV.

## CHAPITRE X.

### Du tour de l'Afrique.

ON trouve dans l'histoire, qu'avant la découverte de la boussole on tenta quatre fois de faire le tour de l'Afrique. Des Phéniciens envoyés par *Nécho* (a), & *Eudoxe*, (b) fuyant la colere de *Ptolomée-Lature*, partirent de la mer rouge & réussirent. *Satafpe* (c) fous *Xercès*, & *Hannon* qui fut envoyé par les Carthaginois, fortirent des colomnes d'Hercule, & ne réussirent pas.

Le point capital pour faire le tour de l'Afrique étoit de découvrir & de doubler le cap de Bonne-Espérance. Mais fi l'on partoit de la mer rouge, on trouvoit ce cap de la moitié du chemin plus près qu'en partant de la méditerranée. La côte qui va de la mer rouge au cap eft plus faine que (d) celle qui va du cap aux colomnes d'Hercule. Pour que

(a) *Hérodote*, liv. IV. Il vouloit conquérir.
(b) *Pline*, liv. II, ch. LXVII. *Pomponius Mela*, liv. III, ch. IX.
(c) *Hérodote*, in Melpomene.
(d) Joignez à ceci ce que je dis au chap. XI de ce livre, fur la navigation d'*Hannon*.

ceux qui partoient des colomnes d'Hercule aient pu découvrir le cap, il a fallu l'invention de la bouſſole, qui a fait
que l'on a quitté la côte d'Afrique &
qu'on a navigé dans le vaſte océan (*a*)
pour aller vers l'iſle de Sainte-Hélène
ou vers la côte du Bréſil. Il étoit donc
très-poſſible qu'on fût allé de la mer
rouge dans la méditerranée, ſans qu'on
fût revenu de la méditerranée à la mer
rouge.

Ainſi ſans faire ce grand circuit,
après lequel on ne pouvoit plus revenir, il étoit plus naturel de faire le
commerce de l'Afrique orientale par la
mer rouge, & celui de la côte occi-
dentale par les colomnes d'Hercule.

Les rois Grecs d'Egypte découvrirent d'abord, dans la mer rouge, la
partie de la côte d'Afrique qui va. depuis le fond du golfe où eſt la cité
d'*Heroum*, juſqu'à *Dira*, c'eſt-à-dire,
juſqu'au détroit appellé aujourd'hui de
*Babelmandel*. De-là juſqu'au promon-

(*a*) On trouve dans l'océan Atlantique, aux mois
d'octobre, novembre, décembre & janvier, un vent
de nord-eſt. On paſſe la ligne ; & pour éluder le vent
général d'eſt, on dirige ſa route vers le ſud : ou bien
on entre dans la zône torride, dans les lieux où le
vent ſouffle de l'oueſt à l'eſt.

ʋoire des Aromates ſitué à l'entrée de la mer rouge (a), la côte n'avoit point été reconnue par les navigateurs : & cela eſt clair par ce que nous dit Artémidore (b), que l'on connoiſſoit les lieux de cette côte, mais qu'on en ignoroit les diſtances; ce qui venoit de ce qu'on avoit ſucceſſivement connu ces ports par les terres, & ſans aller de l'un à l'autre.

Au-delà de ce promontoire où commence la côte de l'océan, on ne connoiſſoit rien, comme nous (c) l'apprenons d'Eratoſthene & d'Artémidore.

Telles étoient les connoiſſances que l'on avoit des côtes d'Afrique du temps de Strabon, c'eſt-à-dire, du temps d'Auguſte. Mais, depuis Auguſte, les Romains découvrirent le promontoire *Raptum* & le promontoire *Praſſum*, dont Strabon ne parle pas, parce qu'ils n'étoient pas encore connus. On voit que ces deux noms ſont Romains.

(a) Ce golfe, auquel nous donnons aujourd'hui ce nom, étoit appellé par les anciens le ſein Arabique : ils appelloient mer rouge la partie de l'océan voiſine de ce golphe.

(b) *Strabon*, liv. XVI.

(c) *Ibid.* Artémidore bornoit la côte connue au lieu appellé *Auſtricornu*; & Eratoſthène ad *Cinnamomiferam*.

Ptolomée le géographe vivoit fous Adrien & Antonin Pie ; & l'auteur du Périple de la mer Erythrée , quel qu'il foit, vécut peu de temps après. Cependant le premier borne l'Afrique (a) connue au promontoire *Praffum* , qui eft environ au quatorziéme dégré de latitude fud : & l'auteur du Périple (b) au promontoire *Raptum*, qui eft à peu près au dixiéme dégré de cette latitude. Il y a apparence que celui-ci prenoit pour limite un lieu où l'on alloit , & Ptolomée un lieu où l'on n'alloit plus.

Ce qui me confirme dans cette idée, c'eft que les peuples autour du *Praffum* étoient antropophages (c). Ptolomée, qui (d) nous parle d'un grand nombre de lieux entre le port des Aromates & le promontoire *Raptum* , laiffe un vuide total depuis le *Raptum* jufqu'au *Praffum*. Les grands profits de la navigation des Indes durent faire négliger celle d'Afrique. Enfin les Romains n'eurent jamais fur cette côte de navigation réglée : ils avoient découvert ces ports

(a) Liv. I, ch VII ; liv. IV, ch. IX ; table IV de l'Afrique.
(b) On a attribué ce Périple à Arrien.
(c) Ptolomée , liv. IV , ch IX.
(d) Liv. IV , ch. VII & VIII.

par

par les terres, & par des navires jettés par la tempête : Et comme aujourd'hui on connoît affez bien les côtes de l'Afrique, & très-mal l'intérieur (*a*), les anciens connoiffoient affez bien l'intérieur, & très-mal les côtes.

J'ai dit que des Phéniciens, envoyés par Nécho & Eudoxe fous Ptolomée Lature, avoient fait le tour de l'Afrique ; il faut bien que, du temps de Ptolémée le géographe, ces deux navigations fuffent regardées comme fabuleufes, puifqu'il placè (*b*), depuis le *finus magnus*, qui eft, je crois, le golfe de Siam, une terre inconnue, qui va d'Afie en Afrique, aboutir au promontoire *Praffum*; de forte que la mer des Indes n'auroit été qu'un lac. Les anciens, qui reconnurent les Indes par le nord, s'étant avancés vers l'orient, placerent vers le midi cette terre inconnue.

(*a*) Voyez avec quelle exactitude Strabon & Ptolémée nous décrivent les diverfes parties de l'Afrique. Ces connoiffances venoient des diverfes guerres que les deux plus puiffantes nations du monde, les Carthaginois & les Romains, avoient eues avec les peuples d'Afrique, des alliances qu'ils avoient contractées, du commerce qu'ils avoient fait dans les terres.

(*b*) Liv. VII, ch. III.

# CHAPITRE XL.
## Carthage & Marseille.

CARTHAGE avoit un singulier droit des gens ; elle faisoit noyer (a) tous les étrangers qui trafiquoient en Sardaigne & vers les colomnes d'Hercule : Son droit politique n'étoit pas moins extraordinaire ; elle défendit aux Sardes de cultiver la terre , sous peine de la vie. Elle accrut sa puissance par ses richesses , & ensuite ses richesses par sa puissance. Maîtresse des côtes d'Afrique que baigne la méditerranée , elle s'étendit le long de celles de l'océan. *Hannon*, par ordre du sénat de Carthage , répandit trente mille Carthaginois depuis les colomnes d'Hercule jusqu'à Cerné. Il dit que ce lieu est aussi éloigné des colomnes d'Hercule , que les colomnes d'Hercule le sont de Carthage. Cette position est très-remarquable ; elle fait voir qu'*Hannon* borna ses établissemens au vingt-cinquiéme dégré de latitude nord , c'est-à-dire, deux ou trois dégrés au-delà des isles Canaries , vers le sud.

(a) *Eratosthéne*, dans Strabon, liv. XVII , p. 802.

*Hannon* étant à Cerné, fit une autre navigation, dont l'objet étoit de faire des découvertes plus avant vers le midi. Il ne prit presque aucune connoissance du continent. L'étendue des côtes qu'il suivit, fut de vingt-six jours de navigation, & il fut obligé de revenir faute de vivres. Il paroît que les Carthaginois ne firent aucun usage de cette entreprise d'*Hannon*. *Scylax* (a) dit qu'au-delà de Cerné, la mer n'est pas navigeable (b), parce qu'elle y est basse, pleine de limon & d'herbes marines : effectivement il y en a beaucoup dans ces parages (c). Les marchands Carthaginois dont parle *Scylax*, pouvoient trouver des obstacles qu'*Hannon*, qui avoit soixante navires de cinquantes rames chacun, avoit vaincus. Les difficultés sont relatives ; & de plus, on ne doit pas confondre une entreprise qui a la hardiesse & la témérité pour objet, avec ce qui est l'effet d'une conduite ordinaire.

(a) Voyez son Périple, article de Carthage.
(b) Voyez Hérodote, *in Melpomene*, sur les obstacles que Satafpe trouva.
(c) Voyez les cartes & les relations, le premier volume des voyages qui ont servi à l'établissement de la compagnie des Indes, part. I, p. 201. Cette herbe couvre tellement la surface de la mer, qu'on a de la peine à voir l'eau ; & les vaisseaux ne peuvent passer au travers que par un vent frais.

C'eſt un beau morceau de l'antiquité que la relation d'*Hannon* : le même homme qui a exécuté, a écrit : il ne met aucune oſtentation dans ſes récits. Les grands capitaines écrivent leurs actions avec ſimplicité, parce qu'ils ſont plus glorieux de ce qu'ils ont fait, que de ce qu'ils ont dit.

Les choſes ſont comme le ſtile. Il ne donne point dans le merveilleux : tout ce qu'il dit du climat, du terrein, des mœurs, des manieres des habitans, ſe rapporte à ce qu'on voit aujourd'hui dans cette côte d'Afrique ; il ſemble que c'eſt le journal d'un de nos navigateurs.

*Hannon* remarqua (*a*) ſur ſa flotte, que le jour il regnoit dans le continent un vaſte ſilence ; que la nuit on entendoit les ſons de divers inſtrumens de muſique ; & qu'on voyoit partout des feux, les uns plus grands, les autres moindres. Nos relations confirment ceci : on y trouve que le jour ces ſauvages, pour éviter l'ardeur du ſoleil, ſe retirent dans les forêts ; que la nuit ils

_____

(*a*) Pline nous dit la même choſe en parlant du mont Atlas : *Noctibus micare crebris ignibus, tibiarum cantu timpanorumque ſonitu ſtrepere, neminem interdiù cerni.*

font de grands feux pour écarter les bêtes féroces ; & qu'ils aiment paſſionné-
ment la danſe & les inſtrumens de muſique.

*Hannon* nous décrit un volcan avec
tous les phénomènes que fait voir aujourd'hui le Véſuve ; & le récit qu'il fait
de ces deux femmes velues, qui ſe laiſſe-
rent plutôt tuer que de ſuivre les Carthaginois, & dont il fit porter les peaux à
Carthage, n'eſt pas, comme on l'a dit,
hors de vraiſemblance.

Cette relation eſt d'autant plus pré-
cieuſe, qu'elle eſt un monument Punique ; & c'eſt parce qu'elle eſt un monument Punique, qu'elle a été regardée
comme fabuleuſe. Car les Romains con-
ſerverent leur haine contre les Carthaginois, même après les avoir détruits.
Mais ce ne fut que la victoire qui dé-
cida s'il falloit dire, *la foi Punique*, ou
*la foi Romaine*.

Des modernes (*a*) ont ſuivi ce préju-
gé. Que ſont devenues, diſent-ils, les
villes qu'*Hannon* nous décrit, & dont,
même du temps de *Pline*, il ne reſtoit
pas le moindre veſtige ? Le merveilleux

(*a*) M. *Dodwel* : voyez ſa diſſertation ſur le Périple
d'*Hannon*.

O iij

feroit qu'il en fût refté. Etoit-ce Corinthe ou Athènes, qu'*Hannon* alloit bâtir
fur ces côtes ? Il laiffoit, dans les endroits
propres au commerce, des familles Car-
thaginoifes ; & à la hâte, il les mettoit
en fureté contre les hommes fauvages &
les bêtes féroces. Les calamités des Carthaginois firent ceffer la navigation d'A-
frique ; il fallut bien que ces familles
périffent, ou devinffent fauvages. Je dis
plus : quand les ruines de ces villes fub-
fifteroient encore, qui eft-ce qui auroit
été en faire la découverte dans les bois
& dans les marais ? On trouve pourtant
dans *Scylax* & dans *Polybe*, que les Carthaginois avoient de grands établiffemens fur ces côtes. Voilà les veftiges
des villes d'*Hannon ;* il n'y en a point
d'autres, parce qu'à peine y en a-t'il
d'autres de Carthage même.

Les Carthaginois étoient fur le chemin des richeffes : Et s'ils avoient été
jufqu'au quatriéme dégré de latitude
nord, & au quinziéme de longitude,
ils auroient découvert la côte d'Or &
les côtes voifines. Ils y auroient fait un
commerce de toute autre importance
que celui qu'on y fait aujourd'hui, que
l'Amérique femble avoir avili les richef-

ſes de tous les autres pays : ils y auroient trouvé des tréſors qui ne pouvoient être enlevés par les Romains.

On a dit des choſes bien ſurprenantes des richeſſes de l'Eſpagne. Si l'on en croit *Ariſtote* ( *a* ), les Phéniciens qui aborderent à Tartèſe, y trouverent tant d'argent que leurs navires ne pouvoient le contenir, & ils firent faire de ce métal leurs plus vils uſtenſiles. Les Carthaginois, au rapport de *Diodore* ( *b* ), trouverent tant d'or & d'argent dans les Pyrénées, qu'ils en mirent aux ancres de leurs navires. Il ne faut point faire de fond ſur ces récits populaires : voici des faits précis.

On voit, dans un fragment de *Polybe* cité par *Strabon* (*c*), que les mines d'argent qui étoient à la ſource du Bétis, où quarante mille hommes étoient employés, donnoient au peuple Romain vingt-cinq mille dragmes par jour : cela peut faire environ cinq millions de livres par an, à cinquante francs le marc. On appelloit les montagnes où étoient ces mines, les *montagnes d'argent* (*d*); ce

(*a*) Des choſes merveilleuſes.
(*b*) Liv. VI.
(*c*) Liv. III.
(*d*) *Mons Argentarius.*

O iv

qui fait voir que c'étoit le Potofi de ces
temps-là. Aujourd'hui les mines d'Ha-
nover n'ont pas le quart des ouvriers
qu'on employoit dans celles d'Efpagne,
& elles donnent plus : mais les Romains
n'ayant guere que des mines de cuivre,
& peu de mines d'argent , & les Grecs
ne connoiffant que les mines d'Attique
très-peu riches , ils durent être étonnés
de l'abondance de celles-là.

Dans la guerre pour la fucceffion d'Efpagne , un homme appellé le *marquis
de Rhodes* , de qui on difoit qu'il s'étoit
ruiné dans les mines d'or , & enrichi
dans les hôpitaux (*a*) , propofa à la cour
de France d'ouvrir les mines des Pyrénées. Il cita les Tyriens, les Carthaginois & les Romains : on lui permit de
chercher ; il chercha , il fouilla partout ;
il citoit toujours , & ne trouvoit rien.

Les Carthaginois,maîtres du commerce de l'or & de l'argent , voulurent l'être
encore de celui du plomb & de l'étain.
Ces métaux étoient voiturés par terre ,
depuis les ports de la Gaule fur l'océan ,
jufqu'à ceux de la méditerranée. Les
Carthaginois voulurent les recevoir de
la premiere main ; ils envoyerent *Himil-*

_____

(*a*) Il en avoit eu quelque part la direction.

*son*, pour former ( *a* ) des établiſſemens dans les iſles Caſſitérides, qu'on croit être celles de Silley.

Ces voyages de la Bétique en Angleterre, ont fait penſer à quelques gens que les Carthaginois avoient la bouſſole: mais il eſt clair qu'ils ſuivoient les côtes. Je n'en veux d'autre preuve que ce que dit *Himilcon*, qui demeura quatre mois à aller de l'embouchure du Bétis en Angleterre: outre que la fameuſe (*b*) hiſtoire de ce pilote Carthaginois, qui voyant venir un vaiſſeau Romain, ſe fit échouer pour ne lui pas apprendre la route d'Angleterre (*c*), fait voir que ces vaiſſeaux étoient très-près des côtes lorſqu'ils ſe rencontrerent.

Les anciens pourroient avoir fait des voyages de mer qui feroient penſer qu'ils avoient la bouſſole, quoiqu'ils ne l'euſſent pas. Si un pilote s'étoit éloigné des côtes, & que pendant ſon voyage il eût un temps ſerein, que la nuit il eût toujours vu une étoile polaire, & le jour le lever & le coucher du ſoleil; il eſt clair qu'il auroit pu ſe conduire com—

(*a*) Voyez *Feſtus Avienus*.
(*b*) *Strabon*, liv. III, ſur la fin.
(*c*) Il en fut récompenſé par le ſénat de Carthage,

me on fait aujourd'hui par la bouffole: mais ce feroit un cas fortuit, & non pas une navigation réglée.

On voit, dans le traité qui finit la premiere guerre Punique, que Carthage fut principalement attentive à fe conferver l'empire de la mer, & Rome à garder celui de la terre. *Hannon* (a), dans la négociation avec les Romains, déclara qu'il ne fouffriroit pas feulement qu'ils fe lavaffent les mains dans les mers de Sicile; il ne leur fut pas permis de naviger au-delà du beau Promontoire; il leur fut défendu (b) de trafiquer en Sicile (c), en Sardaigne, en Afrique, excepté à Carthage: exception qui fait voir qu'on ne leur y préparoit pas un commerce avantageux.

Il y eut dans les premiers temps de grandes guerres entre Carthage & Marfeille (d) au fujet de la pêche. Après la paix, ils firent concurremment le commerce d'économie. Marfeille fut d'autant plus jaloufe, qu'égalant fa rivale en induftrie, elle lui étoit devenue inférieu-

(a) *Tite-Live*, fupplément de *Frenshemius*, feconde décade, liv. VI.
(b) *Polybe*, lib. III.
(c) Dans la partie fujette aux Carthaginois.
(d) *Juftin*, liv. XLIII, ch. V.

re en puiſſance : voilà la raiſon de cette grande fidélité pour les Romains. La guerre que ceux-ci firent contre les Carthaginois en Eſpagne, fut une ſource de richeſſes pour Marſeille qui ſervoit d'entrepôt. La ruine de Carthage & de Corinthe augmenta encore la gloire de Marſeille ; & ſans les guerres civiles où il falloit fermer les yeux, & prendre un parti, elle auroit été heureuſe ſous la protection des Romains, qui n'avoient aucune jalouſie de ſon commerce.

## CHAPITRE XII.

### Iſle de Délos. Mithridate.

CORINTHE ayant été détruite par les Romains, les marchands ſe retirerent à Délos : la religion & la vénération des peuples faiſoit regarder cette iſle comme un lieu de ſureté (a) : de plus, elle étoit très-bien ſituée pour le commerce de l'Italie & de l'Aſie, qui, depuis l'anéantiſſement de l'Afrique & l'affoibliſſement de la Grèce, étoit devenu plus important.

Dès les premiers temps les Grecs en-

(a) Voyez Strabon, liv. X.

O vj

voyerent, comme nous avons dit, des colonies fur la Propontide & le Pont-Euxin : elles conferverent, fous les Perfes, leurs loix & leur liberté. Alexandre, qui n'étoit parti que contre les barbares, ne les attaqua pas (a). Il ne paroît pas même que les rois de Pont, qui en occuperent plufieurs, leur cuffent (b) ôté leur gouvernement politique.

La puiffance (c) de ces rois augmenta, fitôt qu'ils les eurent foumifes. Mithridate fe trouva en état d'acheter partout des troupes ; de réparer (d) continuellement fes pertes ; d'avoir des ouvriers, des vaiffeaux, des machines de guerre ; de fe procurer des alliés ; de corrompre ceux des Romains, & les Romains mêmes ; de foudoyer (e) les barbares de l'Afie & de l'Europe ; de faire

(a) Il confirma la liberté de la ville d'*Amife*, colonie Athénienne, qui avoit joui de l'état populaire, même fous les rois de Perfe. *Lucullus*, qui prit Sinope & Amife, leur rendit la liberté, & rappella les habitans, qui s'étoient enfuis fur leurs vaiffeaux.

(b) Voyez ce qu'écrit Appien fur les Phanagoréens, les Amifiens, les Synopiens, dans fon livre de la guerre contre Mithridate.

(c) Voyez Appien, fur les tréfors immenfes que Mithridate employa dans fes guerres ; ceux qu'il avoit cachés, ceux qu'il perdit fi fouvent par la trahifon des fiens, ceux qu'on trouva après fa mort.

(d) Il perdit une fois 170000 hommes, & de nouvelles armées reparurent d'abord.

(e) Voyez Appien, de la guerre contre Mithridate.

la guerre long-temps, & par conféquent de difcipliner fes troupes : il put les armer, & les inftruire dans l'art militaire (a) des Romains, & former des corps confidérables de leurs transfuges : enfin, il put faire de grandes pertes, & fouffrir de grands échecs, fans périr : & il n'auroit point péri, fi, dans les profpérités, le roi voluptueux & barbare n'avoit pas détruit ce que, dans la mauvaife fortune, avoit fait le grand prince.

C'eft ainfi que, dans le temps que les Romains étoient au comble de la grandeur, & qu'ils fembloient n'avoir à craindre qu'eux-mêmes, Mithridate remit en queftion ce que la prife de Carthage, les défaites de Philippe, d'Antiochus & de Perfée, avoient décidé. Jamais guerre ne fut plus funefte : & les deux partis ayant une grande puiffance & des avantages mutuels, les peuples de la Grèce & de l'Afie furent détruits, ou comme amis de Mithridate, ou comme fes ennemis. Délos fut enveloppée dans le malheur commun. Le commerce tomba de toutes parts ; il falloit bien qu'il fût détruit, les peuples mêmes l'étoient.

(a) Voyez Appien, de la guerre contre Mithridate;

Les Romains, fuivant un fyftême
dont j'ai parlé ailleurs (*a*), deftructeurs
pour ne pas paroître conquérans, rui-
nerent Carthage & Corinthe : & , par
une telle pratique, ils fe feroient peut-
être perdus, s'ils n'avoient pas conquis
toute la terre. Quand les rois de Pont
fe rendirent maîtres des colonies Grecques du Pont-Euxin, ils n'eurent garde
de détruire ce qui devoit être la caufe
de leur grandeur.

(*a*) Dans les confidérations fur les caufes de la
grandeur des Romains.

## CHAPITRE XIII.

### Du génie des Romains pour la marine.

LES Romains ne faifoient cas que des
troupes de terre, dont l'efprit étoit de
refter toujours ferme, de combattre au
même lieu & d'y mourir. Ils ne pouvoient eftimer la pratique des gens de
mer qui fe préfentent au combat, fuient,
reviennent, évitent toujours le danger,
emploient la rufe, rarement la force.
Tout cela n'étoit point du génie des

Grecs (a), & étoit encore moins de celui des Romains.

Ils ne destinoient donc à la marine que ceux qui n'étoient pas des citoyens assez considérables (b) pour avoir place dans les légions : les gens de mer étoient ordinairement des affranchis.

Nous n'avons aujourd'hui ni la même estime pour les troupes de terre, ni le même mépris pour celles de mer. Chez les premieres (c) l'art est diminué, chez les secondes (d) il est augmenté : or on estime les choses à proportion du degré de suffisance qui est requis pour les bien faire.

(a) Comme l'a remarqué *Platon*, liv. IV des loix.
(b) *Polybe*, liv. V.
(c) Voyez les considérations sur les causes de la grandeur des Romains, &c.
(d) *Ibid.*

# CHAPITRE XIV.

*Du génie des Romains pour le commerce.*

ON n'a jamais remarqué aux Romains de jalousie sur le commerce. Ce fut comme nation rivale, & non comme nation commerçante, qu'ils attaquerent Carthage. Ils favoriserent les villes qui fai-

foient le commerce, quoiqu'elles ne fuffent pas fujettes : ainfi ils augmenterent
par la ceffion de plufieurs pays la puiffance de Marfeille. Ils craignoient tout
des barbares, & rien d'un peuple négociant. D'ailleurs leur génie, leur gloire, leur éducation militaire, la forme de
leur gouvernement, les éloignoient du
commerce.

Dans la ville, on n'étoit occupé que
de guerres, d'élections, de brigues &
de procès; à la campagne, que d'agriculture; & dans les provinces un gouvernement dur & tyrannique étoit incompatible avec le commerce.

Que fi leur conftitution politique y
étoit oppofée, leur droit des gens n'y
répugnoit pas moins. » Les peuples,
» dit le jurifconfulte *Pomponius* ( *a* ),
» avec lefquels nous n'avons ni amitié, ni
» hofpitalité, ni alliance, ne font point
» nos ennemis : cependant, fi une chofe
» qui nous appartient, tombe entre leurs
» mains, ils en font propriétaires, les hom-
» mes libres deviennent leurs efclaves; &
» ils font dans les mêmes termes à notre
» égard. «

Leur droit civil n'étoit pas moins ac-

(*a*) Leg. V, ff. *de captivis.*

cablant. La loi de *Conftantin*, après
avoir déclaré bâtards les enfans des perfonnes viles qui fe font mariées avec celles d'une condition relevée, confond les
femmes qui ont une boutique ( *a* ) de
marchandifes avec les efclaves, les ca-
baretieres, les femmes de théâtre, les filles d'un homme qui tient un lieu de prof-
titution, ou qui a été condamné à combattre fur l'arène : ceci defcendoit des
anciennes inftitutions des Romains.

Je fçais bien que des gens pleins de
ces deux idées ; l'une, que le commerce
eft la chofe du monde la plus utile à un
état; & l'autre, que les Romains avoient
la meilleure police du monde, ont cru
qu'ils avoient beaucoup encouragé &
honoré le commerce : mais la vérité eft
qu'ils y ont rarement penfé.

(*a*) *Quæ mercimoniis publicè præfuit.* Leg. V, cod.
*de natural. liberis.*

## CHAPITRE XV.

*Commerce des Romains avec les barbares.*

L E S Romains avoient fait de l'Europe, de l'Asie & de l'Afrique, un vaste empire : la foiblesse des peuples & la tyrannie du commandement unirent toutes les parties de ce corps immense. Pour lors la politique Romaine fut de se séparer de toutes les nations qui n'avoient pas été assujetties : la crainte de leur porter l'art de vaincre, fit négliger l'art de s'enrichir. Ils firent des loix pour empêcher tout commerce avec les barbares. » Que personne, disent (a) *Valens* & *Gratien*, n'envoie du vin, de l'huile ou d'autres liqueurs aux barbares, même pour en goûter ; qu'on ne leur porte point de l'or (b), ajoutent *Gratien, Valentinien* & *Théodose,* & que même ce qu'ils en ont, on le leur ôte avec finesse. « Le transport du fer fut défendu sous peine de la vie.

*Domitien,* prince timide, fit arracher

(a) Leg. ad Barbaricum, cod. *quæ res exportari non debeant.*

(b) Leg. II, cod. *de commerc. & mercator.*

les vignes (*a*) dans la Gaule, de crainte
fans doute que cette liqueur n'y attirât
les barbares, comme elle les avoit autrefois attirés en Italie. *Probus & Julien,*
qui ne les redouterent jamais, en réta-
blirent la plantation.

Je fçais bien que dans la foibleffe de
l'empire, les barbares obligerent les
Romains d'établir des étapes (*b*) & de
commercer avec eux. Mais cela même
prouve que l'efprit des Romains étoit
de ne pas commercer.

(*a*) Leg. II, *quæ res exportari non debeant*; & Pro-
cope, guerre des Perfes, liv I.
(*b*) Voyez les confidérations fur les caufes de la
grandeur des Romains & de leur décadence. *Paris.*,
1755.

---

# CHAPITRE XVI.

## *Du commerce des Romains avec l'Arabie & les Indes.*

L e négoce de l'Arabie-heureufe & celui des Indes furent les deux branches,
& prefque les feules, du commerce extérieur. Les Arabes avoient de grandes
richeffes : ils les tiroient de leurs mers
& de leurs forêts ; & comme ils ache-
toient peu, & vendoient beaucoup,

ils attiroient (*a*) à eux l'or & l'argent de
leurs voifins. Augufte (*b*) connut leur
opulence, & il réfolut de les avoir pour
amis, ou pour ennemis. Il fit paffer *Elius
Gallus* d'Egypte en Arabie. Celui-ci
trouva des peuples oififs, tranquilles &
peu aguerris. Il donna des batailles, fit
des fiéges, & ne perdit que fept foldats :
mais la perfidie de fes guides, les mar-
ches, le climat, la faim, la foif, les maladies, des mefures mal prifes, lui firent
perdre fon armée.

Il fallut donc fe contenter de négocier avec les Arabes comme les autres
peuples avoient fait, c'eft-à-dire, de
leur porter de l'or & de l'argent pour
leurs marchandifes. On commerce encore avec eux de la même maniere ; la
caravane d'Alep & le vaiffeau royal de
Suez y portent des fommes immenfes (*c*).

La nature avoit deftiné les Arabes au
commerce ; elle ne les avoit pas defti-

_____

(*a*) *Pline*, liv. VII, chapitre XXVIII; & *Strabon*,
liv. XVI.

(*b*) *Ibid.*

(*c*) Les caravanes d'Alep & de Suez y portent deux
millions de notre monnoie, & il en paffe autant en
fraude ; le vaiffeau royal de Suez y porte auffi deux
millions.

nés à la guerre : mais lorfque ces peuples tranquilles fe trouverent fur les
frontieres des Parthes & des Romains,
ils devinrent auxiliaires des uns & des
autres. *Elius Gallus* les avoit trouvés
commerçans ; Mahomet les trouva guer-
riers : il leur donna de l'enthoufiafme,
& les voilà conquérans.

Le commerce des Romains aux In-
des étoit confidérable. *Strabon* (a) avoit
appris en Egypte qu'ils y employoient
cent vingt navires : ce commerce ne fe
foutenoit encore que par leur argent. Ils
y envoyoient tous les ans cinquante
millions de fefterces. *Pline* (b) dit que
les marchandifes qu'on en rapportoit,
fe vendoient à Rome le centuple. Je
crois qu'il parle trop généralement : ce
profit fait une fois, tout le monde aura
voulu le faire ; & dès ce moment perfonne ne l'aura fait.

On peut mettre en queftion s'il fut
avantageux aux Romains de faire le commerce de l'Arabie & des Indes. Il falloit qu'ils y envoyaffent leur argent ; &
ils n'avoient pas, comme nous, la reffour-
ce de l'Amérique, qui fupplée à ce que

(a) Lɪv. II, pag. 81.
(b) Lɪv. VI, ch. XXIII.

nous envoyons. Je fuis perfuadé qu'une des raifons qui fit augmenter chez eux la valeur numéraire des monnoies, c'eft-à-dire, établir le billon, fut la rareté de l'argent, caufée par le tranfport continuel qui s'en faifoit aux Indes. Que fi les marchandifes de ce pays fe vendoient à Rome le centuple ; ce profit des Romains fe faifoit fur les Romains mêmes, & n'enrichiffoit point l'empire.

On pourra dire, d'un autre côté, que ce commerce procuroit aux Romains une grande navigation, c'eft-à-dire, une grande puiffance ; que des marchandifes nouvelles augmentoient le commerce intérieur, favorifoient les arts, entretenoient l'induftrie ; que le nombre des citoyens fe multiplioit à proportion des nouveaux moyens qu'on avoit de vivre ; que ce nouveau commerce produifoit le luxe que nous avons prouvé être auffi favorable au gouvernement d'un feul, que fatal à celui de plufieurs ; que cet établiffement fut de même date que la chûte de leur république ; que le luxe à Rome étoit néceffaire ; & qu'il falloit bien qu'une ville qui attiroit à elle toutes les richeffes de l'univers, les rendît par fon luxe.

*Strabon* (a) dit que le commerce des Romains aux Indes étoit beaucoup plus considérable que celui des rois d'Egypte : & il est singulier que les Romains, qui connoissoient peu le commerce, aient eu pour celui des Indes plus d'attention que n'en eurent les rois d'Egypte, qui l'avoient, pour ainsi dire, sous les yeux. Il faut expliquer ceci.

Après la mort d'Alexandre, les rois d'Egypte établirent aux Indes un commerce maritime ; & les rois de Syrie, qui eurent les provinces les plus orientales de l'empire & par conséquent les Indes, maintinrent ce commerce dont nous avons parlé au chapitre VI, qui se faisoit par les terres & par les fleuves, & qui avoit reçu de nouvelles facilités par l'établissement des colonies Macédoniennes : de sorte que l'Europe communiquoit avec les Indes, & par l'Egypte, & par le royaume de Syrie. Le démembrement qui se fit du royaume de Syrie, d'où se forma celui de Bactriane, ne fit aucun tort à ce commerce. *Marin* Tyrien, cité par *Ptolémée* (b), parle

(a) Il dit, au liv. XII, que les Romains y employoient cent vingt navires ; & au liv. XVII, que les rois Grecs y en envoyoient à peine vingt.

(b) Liv. I, ch. II.

des découvertes faites aux Indes par le moyen de quelques marchands Macédoniens. Celles que les expéditions des rois n'avoient pas faites, les marchands les firent. Nous voyons dans *Ptolémée* ( *a* ), qu'ils allerent depuis la tour de Pierre (*b*) jufqu'à Sera : & la découverte faite par les marchands d'une étape fi reculée, fituée dans la partie orientale & feptentrionale de la Chine, fut une efpece de prodige. Ainfi, fous les rois de Syrie & de Bactriane, les marchandifes du midi de l'Inde paffoient, par l'Indus, l'Oxus & la mer Cafpienne, en occident; & celles des contrées plus orientales & plus feptentrionales étoient portées depuis Sera, la tour de Pierre, & autres étapes, jufqu'à l'Euphrate. Ces marchands faifoient leur route, tenant, à peu près, le quarantiéme dégré de latitude nord, par des pays qui font au couchant de la Chine, plus policés qu'ils ne font aujourd'hui, parce que les Tartares ne les avoient pas encore infeftés.

Or, pendant que l'empire de Syrie

(*a*) Liv. VI, ch. XIII.
(*b*) Nos meilleures cartes placent la tour de Pierre au centiéme dégré de longitude, & environ le quarantiéme de latitude.

étendoit

étendoit si fort son commerce du côté
des terres, l'Egypte n'augmenta pas
beaucoup son commerce maritime.

Les Parthes parurent, & fonderent
leur empire : & lorsque l'Egypte tomba
sous la puissance des Romains, cet empire étoit dans sa force, & avoit reçu son
extension.

Les Romains & les Parthes furent
deux puissances rivales, qui combatti-
rent, non pas pour sçavoir qui devoit
regner, mais exister. Entre les deux empires, il se forma des deserts ; entre les
deux empires, on fut toujours sous les
armes ; bien loin qu'il y eût de commerce, il n'y eut pas même de communication. L'ambition, la jalousie, la religion, la haine, les mœurs, séparerent
tout. Ainsi le commerce entre l'occident & l'orient, qui avoit eu plusieurs
routes, n'en eut plus qu'une ; & Alexandrie étant devenue la seule étape,
cette étape grossit.

Je ne dirai qu'un mot du commerce
intérieur. Sa branche principale fut celle
des bleds qu'on faisoit venir pour la subsistance du peuple de Rome : ce qui étoit
une matiere de police, plutôt qu'un objet
de commerce. A cette occasion, les nau-

*Tome II.*           P

toniers reçurent quelques priviléges (*a*);
parce que le falut de l'empire dépendoit
de leur vigilance.

(*a*) Suet. *in Claudio.* Leg. VII, cod. Theodof. *de naviculariis.*

## CHAPITRE XVII.

*Du commerce après la deftruction des Romains en occident.*

L'EMPIRE Romain fut envahi; &
l'un des effets de la calamité générale,
fut la deftruction·du commerce. Les
barbares ne le regarderent d'abord que
comme un objet de leurs brigandages;
& quand ils furent établis, ils ne l'ho-
norerent pas plus que l'agriculture & les
autres profeffions du peuple vaincu.

Bien-tôt il n'y eut prefque plus de
commerce en Europe; la nobleffe qui
regnoit partout, ne s'en mettoit point
en peine.

La loi (*a*) des Wifigoths permettoit
aux particuliers d'occuper la moitié du
lit des grands fleuves, pourvu que l'autre reftât libre pour les filets & pour les
bateaux; il falloit qu'il y eût bien peu

(*a*) Liv. VIII, tit. 4, §. 9.

de commerce dans les pays qu'ils avoient conquis.

Dans ces temps-là s'établirent les droits insensés d'aubaine & de naufrage : les hommes penserent que les étrangers ne leur étant unis par aucune communication du droit civil, ils ne leur devoient d'un côté aucune sorte de justice, & de l'autre aucune sorte de pitié.

Dans les bornes étroites où se trouvoient les peuples du nord, tout leur étoit étranger : dans leur pauvreté, tout étoit pour eux un objet de richesses. Etablis avant leurs conquêtes sur les côtes d'une mer resserrée & pleine d'écueils, ils avoient tiré parti de ces écueils mêmes.

Mais les Romains qui faisoient des loix pour tout l'univers, en avoient fait de très-humaines (a) sur les naufrages : ils réprimerent à cet égard les brigandages de ceux qui habitoient les côtes, & ce qui étoit plus encore, la rapacité de leur fisc (b).

(a) Toto titulo, ff. de incend. ruin. naufrag. & cod. de naufragiis ; & leg. III, ff. de leg. Cornel. de sicariis.

(b) Leg. I, cod. de naufragiis.

## CHAPITRE XVIII.

### Reglement particulier.

L A loi (a) des Wifigoths fit pourtant
une difpofition favorable au commerce;
elle ordonna que les marchands qui venoient de de-là la mer feroient jugés,
dans les différends qui naiffoient entr'eux, par les loix & par des juges de
leur nation. Ceci étoit fondé fur l'ufage
établi chez tous ces peuples mêlés, que
chaque homme vécût fous fa propre loi;
chofe dont je parlerai beaucoup dans la
fuite.

(a) Liv. XI, tit. 3, §. 2.

## CHAPITRE XIX.

### Du commerce, depuis l'affoibliffement des Romains en orient.

L E S Mahométans parurent, conquirent, & fe diviferent. L'Egypte eut fes
fouverains particuliers. Elle continua de
faire le commerce des Indes. Maîtreffe
des marchandifes de ce pays, elle attira
les richeffes de tous les autres. Ses fou-

dans furent les plus puiſſans princes de ces temps-là : on peut voir dans l'hiſtoire comment, avec une force conſtante & bien ménagée, ils arrêterent l'ardeur, la fouge & l'impétuoſité des croiſés.

---

## CHAPITRE XX.

*Comment le commerce ſe fit jour en Eu-*
*rope, à travers la barbarie.*

L A philoſophie d'*Ariſtote* ayant été portée en occident, elle plut beaucoup aux eſprits ſubtils, qui, dans les temps d'ignorance, ſont les beaux eſprits. Des ſcholaſtiques s'en infatuerent, & prirent de ce philoſophe ( *a* ) bien des explications ſur le prêt à intérêt, au lieu que la ſource en étoit ſi naturelle dans l'évangile ; ils le condamnerent indiſtinctement & dans tous les cas. Par-là le commerce, qui n'étoit que la profeſſion des gens vils, devint encore celle des malhonnêtes gens : car toutes les fois que l'on défend une choſe naturellement permiſe ou néceſſaire, on ne fait que rendre malhonnêtes gens ceux qui la font.

( *a* ) Voyez *Ariſtote*, polit. liv. I, ch. IX & X.

Le commerce paſſa à une nation pour lors couverte d'infamie; & bien-tôt il ne fut plus diſtingué des uſures les plus affreuſes, des monopoles, de la levée des ſubſides, & de tous les moyens mal-honnêtes d'acquérir de l'argent.

Les Juifs (*a*) enrichis par leurs exactions, étoient pillés par les princes avec la même tyrannie : choſe qui conſoloit les peuples, & ne les ſoulageoit pas.

Ce qui ſe paſſa en Angleterre donnera une idée de ce qu'on fit dans les autres pays. Le roi *Jean* (*b*) ayant fait empriſonner les Juifs pour avoir leur bien, il y en eut peu qui n'euſſent au moins quelqu'œil crevé : ce roi faiſoit ainſi ſa chambre de juſtice. Un d'eux, à qui on arracha ſept dents, une chaque jour, donna dix mille marcs d'argent à la huitiéme. *Henri* III tira d'*Aaron*, Juif d'*York*, quatorze mille marcs d'argent & dix mille pour la reine. Dans ces temps-là on faiſoit violemment ce qu'on fait aujourd'hui en Pologne avec quel-

---

(*a*) Voyez dans *Marca Hiſpanica*, les conſtitutions d'Arragon des années 1228 & 1231; & dans Bruſſel, l'accord de l'année 1206, paſſé entre le roi, la comteſſe de Champagne, & Gui de Dampierre.

(*b*) *Slowe*, in his ſurvey of London, liv. III, p. 54.

que mesure. Les rois ne pouvant fouiller dans la bourse de leurs sujets à cause
de leurs priviléges, mettoient à la tor-
ture les Juifs qu'on ne regardoit pas comme citoyens.

Enfin, il s'introduisit une coutume,
qui confisqua tous les biens des Juifs qui
embrassoient le christianisme. Cette coutume si bizarre, nous la sçavons par la
loi (a) qui l'abroge. On en a donné des
raisons bien vaines ; on a dit qu'on vouloit les éprouver, & faire en sorte qu'il
ne restât rien de l'esclavage du démon.
Mais il est visible que cette confiscation
étoit une espece de droit (b) d'amortis-
sement, pour le prince ou pour les seigneurs, des taxes qu'ils levoient sur les
Juifs, & dont ils étoient frustrés lorsf-
que ceux-ci embrassoient le christianisme. Dans ces temps-là on regardoit les
hommes comme des terres. Et je remar-
querai en passant, combien on s'est joué
de cette nation d'un siécle à l'autre. On
confisquoit leurs biens lorsqu'ils vou-

(a) Edit donné à Baville le 4 avril 1392.
(b) En France, les Juifs étoient serfs, main-mor-
tables ; & les seigneurs leur succédoient. M. *Brussel*
rapporte un accord de l'an 1206, entre le roi & *Thi-
baut* comte de Champagne, par lequel il étoit con-
venu que les Juifs de l'un ne prêteroient point dans
les terres de l'autre.

P iv

loient être chrétiens, & bien-tôt après
on les fit brûler lorfqu'ils ne voulurent
pas l'être.

Cependant on vit le commerce fortir
du fein de la vexation & du défefpoir.
Les Juifs, profcrits tour-à-tour de chaque pays, trouverent le moyen de fau-
ver leurs effets. Par-là ils rendirent pour
jamais leurs retraites fixes; car tel prince
qui voudroit bien fe défaire d'eux, ne
feroit pas pour cela d'humeur à fe défaire de leur argent.

Ils ( a ) inventerent les lettres de
change : & par ce moyen le commerce
put éluder la violence, & fe maintenir partout; le négociant le plus riche
n'ayant que des biens invifibles, qui pouvoient être envoyés partout, & ne laiffoient de trace nulle part.

Les théologiens furent obligés de
reftreindre leurs principes; & le commerce, qu'on avoit violemment lié avec
la mauvaife foi, rentra, pour ainfi dire,
dans le fein de la probité.

---

(a) On fçait que, fous Philippe-Augufte & fous Phi-
lippe-le-Long, les Juifs, chaffés de France, fe réfu-
gierent en Lombardie; & que là ils donnerent aux
négocians étrangers & aux voyageurs des lettres fe-
crettes fur ceux à qui ils avoient confié leurs effets en
France, qui furent acquittées.

Ainsi nous devons aux spéculations des scholastiques tous les malheurs (a) qui ont accompagné la destruction du commerce ; & à l'avarice des princes l'établissement d'une chose qui le met en quelque façon hors de leur pouvoir.

Il a fallu, depuis ce temps, que les princes se gouvernassent avec plus de sagesse qu'ils n'auroient eux-mêmes pensé : car, par l'événement, les grands coups d'autorité se sont trouvés si maladroits, que c'est une expérience reconnue, qu'il n'y a plus que la bonté du gouvernement qui donne de la prospérité.

On a commencé à se guérir du Machiavélisme, & on s'en guérira tous les jours. Il faut plus de modération dans les conseils. Ce qu'on appelloit autrefois des coups d'état, ne seroit aujourd'hui, indépendamment de l'horreur, que des imprudences.

Et il est heureux pour les hommes d'être dans une situation, où pendant que leurs passions leur inspirent la pen-

(a) Voyez, dans le cours du droit, la quatrevingt-troisiéme novelle de Léon, qui révoque la loi de Basile son pere. Cette loi de Basile est dans Herménopule, sous le nom de Léon, liv. III, tit. 7, §. 27.

fée d'être méchans, ils ont pourtant intérêt de ne pas l'être.

---

# CHAPITRE XXI.

*Découverte de deux nouveaux mondes :*
*état de l'Europe à cet égard.*

LA bouffole ouvrit, pour ainfi dire,
l'univers. On trouva l'Afie & l'Afrique dont on ne connoiffoit que quelques bords, & l'Amérique dont on ne
connoiffoit rien du tout.

Les Portugais navigeant fur l'océan
Atlantique, découvrirent la pointe la
plus méridionale de l'Afrique; ils virent
une vafte mer; elle les porta aux Indes
orientales. Leurs périls fur cette mer,
& la découverte de Mozambique, de
Mélinde & de Calicut, ont été chantés
par le Camoëns, dont le poëme fait fentir quelque chofe des charmes de l'O-
dyffée & de la magnificence de l'E-
néïde.

Les Vénitiens avoient fait jufques-là
le commerce des Indes par les pays des
Turcs, & l'avoient pourfuivi au milieu
des avanies & des outrages. Par la découverte du cap de Bonne-Efpérance,

& celles qu'on fit quelques-temps après,
l'Italie ne fut plus au centre du monde
commerçant ; elle fut, pour ainfi dire,
dans un coin de l'univers, & elle y eft
encore. Le commerce même du levant
dépendant aujourd'hui de celui que les
grandes nations font aux deux Indes,
l'Italie ne le fait plus qu'acceffoire-
ment.

Les Portugais trafiquerent aux Indes
en conquérans : Les loix gênantes ( *a* )
que les Hollandois impofent aujourd'hui
aux petits princes Indiens fur le commerce, les Portugais les avoient établies
avant eux.

La fortune de la maifon d'Autriche
fut prodigieufe. *Charles-Quint* recueil-
lit la fucceffion de Bourgogne, de Caf-
tille & d'Arragon ; il parvint à l'empire ; & pour lui procurer un nouveau genre de grandeur, l'univers s'étendit, &
l'on vit paroître un monde nouveau fous
fon obéiffance.

Chriftophe Colomb découvrit l'Amérique; & quoique l'Efpagne n'y envoyât
point de forces qu'un petit prince de
l'Europe n'eût pu y envoyer tout de

(*a*) Voyez la relation de *François Pyrard*, deuxiéme partie, ch. XV.

P vj

même, elle soumit deux grands empires
& d'autres grands états.

Pendant que les Espagnols décou-
vroient & conquéroient du côté de l'occident, les Portugais pouffoient leurs
conquêtes & leurs découvertes du côté
de l'orient : ces deux nations se rencontrerent; elles eurent recours au Pape
Alexandre VI, qui fit la célèbre ligne
de démarquation, & jugea un grand
procès.

Mais les autres nations de l'Europe
ne les laifferent pas jouir tranquillement
de leur partage : les Hollandois chaffe-
rent les Portugais de prefque toutes les
Indes orientales, & diverfes nations firent en Amérique des établiffemens.

Les Efpagnols regarderent d'abord les
terres découvertes comme des objets de
conquête: des peuples plus rafinés qu'eux
trouverent qu'elles étoient des objets de
commerce, & c'eft là-deffus qu'ils di-
rigerent leurs vues. Plufieurs peuples fe
font conduits avec tant de fageffe, qu'ils
ont donné l'empire à des compagnies de
négocians, qui, gouvernant ces états
éloignés uniquement pour le négoce,
ont fait une grande puiffance acceffoire,
fans embarraffer l'état principal.

Les colonies qu'on y a formées, font
Tous un genre de dépendance dont on
ne trouve que peu d'exemples dans les
colonies anciennes, foit que celles d'aujourd'hui relevent de l'état même, ou de
quelque compagnie commerçante établie dans cet état.

L'objet de ces colonies eft de faire le
commerce à de meilleures conditions
qu'on ne le fait avec les peuples voifins,
avec lefquels tous les avantages font ré-
ciproques. On a établi que la métropole
feule pourroit négocier dans la colonie ;
& cela avec grande raifon, parce que le
but de l'établiffement a été l'extenfion
du commerce, non la fondation d'une
ville ou d'un nouvel empire.

Ainfi c'eft encore une loi fondamentale de l'Europe, que tout commerce
avec une colonie étrangere, eft regardé
comme un pur monopole puniffable par
les loix du pays : & il ne faut pas juger
de cela par les loix & les exemples des
anciens (a) peuples qui n'y font guere
applicables.

Il eft encore reçu que le commerce
établi entre les métropoles, n'entraîne

_____

(.) Excepté les Carthaginois, comme on voit par
le traité qui termina la premiere guerre Punique.

point une permiſſion pour les colonies ;
qui reſtent toujours en état de prohibi-
tion.

Le déſavantage des colonies qui perdent la liberté du commerce, eſt viſi-
blement compenſé par la protection de
la métropole (*a*), qui la défend par ſes
armes, ou la maintient par ſes loix.

De-là ſuit une troiſiéme loi de l'Europe, que quand le commerce étranger
eſt défendu avec la colonie, on ne peut
naviger dans ſes mers, que dans les cas
établis par les traités.

Les nations, qui ſont à l'égard de tout
l'univers ce que les particuliers ſont
dans un état, ſe gouvernent comme eux
par le droit naturel & par les loix qu'elles ſe ſont faites. Un peuple peut céder
à un autre la mer, comme il peut céder
la terre. Les Carthaginois exigerent (*b*)
des Romains qu'ils ne navigeroient pas
au-delà de certaines limites, comme les
Grecs avoient exigé du roi de Perſe qu'il
ſe tiendroit toujours éloigné des côtes
de la mer (*c*) de la carriere d'un cheval.

(*a*) Métropole eſt, dans le langage des anciens,
l'état qui a fondé la colonie.

(*b*) Polybe, liv. III.

(*c*) Le roi de Perſe s'obligea, par un traité, de ne
naviger avec aucun vaiſſeau de guerre au-delà des

L'extrême éloignement de nos colonies n'est point un inconvénient pour
leur sureté : car si la métropole est
éloignée pour les défendre , les nations rivales de la métropole ne sont
pas moins éloignées pour les conquérir.

De plus , cet éloignement fait que
ceux qui vont s'y établir ne peuvent
prendre la maniere de vivre d'un climat si différent ; ils sont obligés de
tirer toutes les commodités de la vie
du pays d'où ils sont venus. Les Carthaginois (a) , pour rendre les Sardes
& les Corses plus dépendans , leur
avoient défendu , sous peine de la vie ,
de planter, de semer & de faire rien
de semblable ; ils leur envoyoient
d'Afrique des vivres. Nous sommes
parvenus au même point , sans faire
des loix si dures. Nos colonies des isles Antilles sont admirables ; elles ont
des objets de commerce que nous n'a-
vons ni ne pouvons avoir ; elles manquent de ce qui fait l'objet du nôtre.

L'effet de la découverte de l'Amé-

roches Scyanées & des isles Chélidoniennes. *Plutarque* , Vie de Cimon.

(a) Aristote, *des choses merveilleuses.* Tite-Live,
liv. VII de la seconde décade.

rique fut de lier à l'Europe l'Asie
& l'Afrique ; l'Amérique fournit à
l'Europe la matiere de son commerce
avec cette vaste partie de l'Asie qu'on
appella les Indes-Orientales. L'argent,
ce métal si utile au commerce comme
signe, fut encore la base du plus grand
commerce de l'univers comme marchandise. Enfin la navigation d'Afrique devint nécessaire ; elle fournissoit
des hommes pour le travail des mines
& des terres de l'Amérique.

L'Europe est parvenue à un si haut
dégré de puissance, que l'histoire n'a
rien à comparer là-dessus ; si l'on considere l'immensité des dépenses, la grandeur des engagemens, le nombre des
troupes, & la continuité de leur entretien, même lorsqu'elles sont le plus inutiles, & qu'on ne les a que pour l'ostentation.

Le pere *du Halde* (a) dit que le commerce intérieur de la Chine est plus
grand que celui de toute l'Europe. Cela pourroit être, si notre commerce extérieur n'augmentoit pas l'intérieur.
L'Europe fait le commerce & la navigation des trois autres parties du

(a) Tome II, pag. 170.

monde; comme la France, l'Angleterre & la Hollande font à peu près
la navigation & le commerce de l'Europe.

---

## CHAPITRE XXII.

### Des richeſſes que l'Eſpagne tira de l'Amé-
### rique.

Sɪ l'Europe (*a*) a trouvé tant d'avantage dans le commerce de l'Amérique,
il feroit naturel de croire que l'Eſpagne en auroit reçu de plus grands.
Elle tira du monde nouvellement découvert une quantité d'or & d'argent
ſi prodigieuſe, que ce que l'on en avoit
eu juſqu'alors ne pouvoit y être com-
paré.

Mais ( ce qu'on n'auroit jamais ſoup-
çonné ) la miſere la fit échouer preſque
partout. *Philippe II*, qui ſuccéda à
*Charles - Quint*, fut obligé de faire la
célèbre banqueroute que tout le monde ſçait ; & il n'y a guere jamais eu
de prince qui ait plus ſouffert que lui

---

(*a*) Ceci parut il y a plus de vingt ans, dans un petit ouvrage manuſcrit de l'auteur, qui a été preſque
tout fondu dans celui-ci.

des murmures, de l'infolence & de la révolte de fes troupes toujours mal payées.

Depuis ce temps ; la monarchie d'Efpagne déclina fans ceffe. C'eft qu'il y avoit un vice intérieur & phyfique dans la nature de ces richeffes, qui les rendoit vaines ; & ce vice augmenta tous les jours.

L'or & l'argent font une richeffe de fiction ou de figne. Ces fignes font très-durables & fe détruifent peu, comme il convient à leur nature. Plus ils fe multiplient, plus ils perdent de leur prix, parce qu'ils repréfentent moins de chofes.

Lors de la conquête du Mexique & du Pérou, les Efpagnols abandonnerent les richeffes naturelles pour avoir des richeffes de fignes qui s'aviliffoient par elles-mêmes. L'or & l'argent étoient très - rares en Europe ; & l'Efpagne maîtreffe tout-à-coup d'une très-grande quantité de ces métaux, conçut des efpérances qu'elle n'avoit jamais eues. Les richeffes que l'on trouva dans les pays conquis, n'étoient pourtant pas proportionnées à celles de leurs mines. Les Indiens en cacherent une

partie ; & de plus, ces peuples, qui
ne faifoient fervir l'or & l'argent qu'à
la magnificence des temples des dieux
& des palais des rois, ne les cher-
choient pas avec la même avarice que
nous : enfin ils n'avoient pas le fecret
de tirer les métaux de toutes les mines ; mais feulement de celles dans lefquelles la féparation fe fait par le feu,
ne connoiffant pas la maniere d'employer le mercure, ni peut-être le mercure même.

Cependant l'argent ne laiffa pas de
doubler bientôt en Europe ; ce qui parut en ce que le prix de tout ce qui s'a-
cheta fut environ du double.

Les Efpagnols fouillerent les mines, creuferent les montagnes, inventerent des machines pour tirer les eaux,
brifer le mineray & le féparer ; & comme ils fe jouoient de la vie des Indiens, ils les firent travailler fans ména-
gement. L'argent doubla bientôt en
Europe, & le profit diminua toujours
de moitié pour l'Efpagne, qui n'avoit
chaque année que la même quantité
d'un métal qui étoit devenu la moitié
moins précieux.

Dans le double du temps, l'argent

doubla encore; & le profit diminua encore de la moitié.

Il diminua même de plus de la moitié: voici comment.

Pour tirer l'or des mines, pour lui donner les préparations requifes, & le tranfporter en Europe, il falloit une dépenfe quelconque; je fuppofe qu'elle fût comme 1 eft à 64: quand l'argent fut doublé une fois, & par conféquent la moitié moins précieux, la dépenfe fut comme 2 font à 64. Ainfi les flottes qui porterent en Efpagne la même quantité d'or, porterent une chofe qui réellement valoit la moitié moins, & coûtoit la moitié plus.

Si l'on fuit la chofe de doublement en doublement, on trouvera la progreffion de la caufe de l'impuiffance des richeffes de l'Efpagne.

Il y a environ deux cent ans que l'on travaille les mines des Indes. Je fuppofe que la quantité d'argent qui eft à préfent dans le monde qui commerce, foit, à celle qui étoit avant la découverte, comme 32 eft à 1, c'eft-à-dire qu'elle ait doublé cinq fois: dans deux cent ans encore la même quantité fera, à celle qui étoit avant la dé-

couverte, comme 64 eſt à 1, c'eſt-à-
dire, qu'elle doublera encore. Or à pré-
ſent cinquante (*a*) quintaux de mineray
pour l'or, donnent quatre, cinq & ſix
onces d'or; & quand il n'y en a que
deux, le mineur ne retire que ſes frais.
Dans deux cent ans, lorſqu'il n'y en aura
que quatre, le mineur ne tirera auſſi que
ſes frais. Il y aura donc peu de profit à
tirer ſur l'or. Même raiſonnement ſur
l'argent, excepté que le travail des mines d'argent eſt un peu plus avantageux
que celui des mines d'or.

Que ſi l'on découvre des mines ſi
abondantes qu'elles donnent plus de
profit; plus elles feront abondantes,
plutôt le profit finira.

Les Portugais ont trouvé tant d'or (*b*)
dans le Bréſil, qu'il faudra néceſſaire-
ment que le profit des Eſpagnols diminue bientôt conſidérablement, & le leur
auſſi.

J'ai oui pluſieurs fois déplorer l'aveu-

(*a*) Voyez les voyages de Frezier.
(*b*) Suivant milord Anſon, l'Europe reçoit du Bréſil tous les ans pour deux millions ſterlings en or,
que l'on trouve dans le ſable au pied des montagnes,
ou dans le lit des rivieres. Lorſque je fis le petit ouvrage dont j'ai parlé dans la premiere note de ce
chapitre, il s'en falloit bien que les retours du Bréſil
fuſſent un objet auſſi important qu'il l'eſt aujourdhui.

glement du conseil de *François premier*
qui rebuta *Christophe Colomb*, qui lui
proposoit les Indes. En vérité, on fit
peut-être par imprudence une chose
bien sage. L'Espagne a fait comme ce
roi insensé qui demanda que tout ce
qu'il toucheroit se convertît en or, &
qui fut obligé de revenir aux dieux
pour les prier de finir sa misere.

Les compagnies & les banques que
plusieurs nations établirent, acheverent
d'avilir l'or & l'argent dans leur qualité
de signe : car, par de nouvelles fictions,
ils multiplierent tellement les signes des
denrées, que l'or & l'argent ne firent
plus cet office qu'en partie, & en devinrent moins précieux.

Ainsi le crédit public leur tint lieu de
mines, & diminua encore le profit que
les Espagnols tiroient des leurs.

Il est vrai que, par le commerce que
les Hollandois firent dans les Indes
orientales, ils donnerent quelque prix
à la marchandise des Espagnols ; car
comme ils porterent de l'argent pour
troquer contre les marchandises de l'o-
rient, ils soulagerent en Europe les Espagnols d'une partie de leurs denrées
qui y abondoient trop.

Et ce commerce, qui ne femble regarder qu'indirectement l'Efpagne, lui eft avantageux comme aux nations mêmes qui le font.

Par tout ce qui vient d'être dit, on peut juger des ordonnances du confeil d'Efpagne, qui défendent d'employer l'or & l'argent en dorures & autres fuperfluités : décret pareil à celui que feroient les états de Hollande, s'ils défendoient la confommation de la canelle.

Mon raifonnement ne porte pas fur toutes les mines : celles d'Allemagne & de Hongrie, d'où l'on ne retire que peu de chofe au-delà des frais, font très-utiles. Elles fe trouvent dans l'état principal ; elles y occupent plufieurs milliers d'hommes qui y confomment les denrées furabondantes ; elles font proprement une manufacture du pays.

Les mines d'Allemagne & de Hongrie font valoir la culture des terres ; & le travail de celles du Mexique & du Pérou, la détruit.

Les Indes & l'Efpagne font deux puiffances fous un même maître : mais les Indes font le principal, l'Efpagne n'eft que l'acceffoire. C'eft en vain que la politique veut ramener le principal à l'acceſſoire ; les Indes attirent toujours l'Eſpagne à elles.

D'environ cinquante millions de marchandiſes qui vont toutes les années aux Indes, l'Eſpagne ne fournit que deux millions & demi : les Indes font donc un commerce de cinquante millions, & l'Eſpagne de deux millions & demi.

C'eſt une mauvaiſe eſpece de richeſſe qu'un tribut d'accident & qui ne dépend pas de l'induſtrie de la nation, du nombre de ſes habitans, ni de la culture de ſes terres. Le roi d'Eſpagne, qui reçoit de grandes ſommes de ſa douane de Cadix, n'eſt à cet égard qu'un particulier très-riche dans un état très-pauvre. Tout ſe paſſe des étrangers à lui, ſans que ſes ſujets y prennent preſque de part : ce commerce eſt indépendant de la bonne & de la mauvaiſe fortune de ſon royaume.

Si quelques provinces dans la Caſtille lui donnoient une ſomme pareille à celle de la douane de Cadix, ſa puiſſance ſeroit bien plus grande : ſes richeſſes ne pourroient être que l'effet de celles du pays ; ces provinces anime-
roient

roient toutes les autres, & elles seroient toutes ensemble plus en état de soutenir les charges respectives; au lieu d'un grand trésor on auroit un grand peuple.

---

## CHAPITRE XXIII.

### Problême.

Ce n'est point à moi à prononcer sur la question, si l'Espagne ne pouvant faire le commerce des Indes par elle-même, il ne vaudroit pas mieux qu'elle le rendît libre aux étrangers. Je dirai seulement qu'il lui convient de mettre à ce commerce le moins d'obstacles que sa politique pourra lui permettre. Quand les marchandises que les diverses nations portent aux Indes y sont cheres, les Indes donnent beaucoup de leur marchandise, qui est l'or & l'argent, pour peu de marchandises étrangeres : le contraire arrive lorsque celles-ci sont à vil prix. Il seroit peut-être utile que ces nations se nuisissent les unes les autres, afin que les marchandises qu'elles portent aux Indes y fussent toujours à bon marché. Voilà des principes qu'il

*Tome II.*        Q

faut examiner, fans les féparer pourtant
des autres confidérations ; la fûreté des
Indes ; l'utilité d'une douane unique ;
les dangers d'un grand changement ; les
inconvéniens qu'on prévoit, & qui fouvent font moins dangereux que ceux
qu'on ne peut pas prévoir.

*Fin du fecond Volume.*

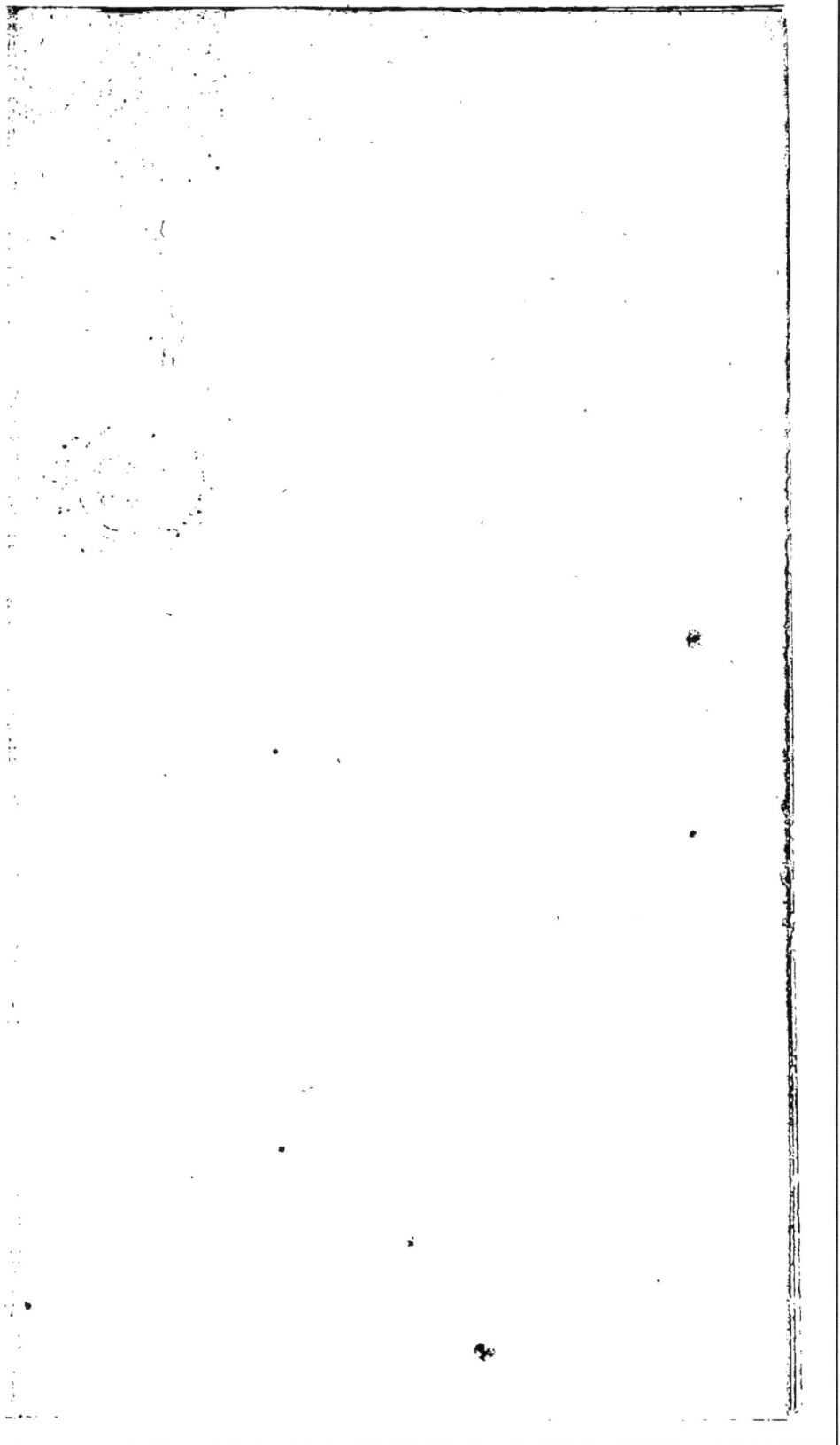

www.ingramcontent.com/pod-product-compliance
Lightning Source LLC
Chambersburg PA
CBHW071619270326
41928CB00010B/1692